WOLFGANG PESCHKE

MOVE IT!!

ALLES IN BEWEGUNG

WOLFGANG PESCHKE

MOVE IT!

ALLES IN BEWEGUNG

INHALT

ZUM PUSTEN

ZUM DREHEN

ZUM DRÜCKEN

ZUM ZIEHEN

ZUM SCHIEBEN

FILM AB!

DEIN DOWNLOAD

Die Vorlagen kannst du dir online herunterladen und ausdrucken. Wie das geht, erfährst du im Impressum auf Seite 108.

Hier findest du ausgewählte Modelle in Aktion.

SCHWIERIGKEITSGRADE

●○○ schnell & einfach

●●○ braucht etwas Übung

●●● für Bastel-Profis

VORWORT

Du stehst auf Action und schnöde Fensterbilder sind dir zu langweilig? Dann ist dieses Buch genau das Richtige für dich! Hier wirst du nicht nur jede Menge Spaß am Schneiden, Kleben und Tüfteln haben, sondern die fertigen Basteleien können sich auch noch bewegen: Sie wackeln, hüpfen, fahren, fliegen oder drehen sich.

Allerdings ist für diese Bastelprojekte Präzision gefragt! Achte daher darauf, so sauber und genau zu arbeiten wie möglich. Lege dir erst alle Materialien und Werkzeuge bereit und folge dann Schritt für Schritt den bunt bebilderten Anleitungen.

Solltest du beim Bauen an der einen oder anderen Stelle Probleme haben, dann gib nicht gleich auf! Probiere es in Ruhe erneut, bis es klappt, oder lass dir von jemandem helfen. Ein erwachsener Helfer kann nie schaden. Vielleicht kannst du dir dabei auch etwas abschauen und dein Bastelwissen erweitern.

Nun ist aber genug geredet – los geht's mit der Bastelei!

Viel Spaß wünscht dir

GRUNDLAGEN

BEVOR DU BEGINNST

Lege eine Unterlage auf deinen Arbeitsplatz, am besten eine Wachstuchdecke oder Zeitungspapier, damit du den Tisch nicht beschmutzt oder gar beschädigst. Zum Schneiden mit dem Cutter solltest du unbedingt eine geeignete Schneideunterlage benutzen. Frag am besten einen Erwachsenen.

Um deine Kleidung zu schützen, kannst du dir einfach ein altes T-Shirt überziehen.

Zusätzlich solltest du immer alte Lappen oder Küchenpapier zur Hand haben.

Achtung: Viele der Bastelideen kannst du allein umsetzen. Bei manchen ist es besser, dir von einem Erwachsenen helfen zu lassen. Vor allem, wenn du mit dem Cutter oder der Heißklebepistole arbeiten musst!

DAS RICHTIGE WERKZEUG

Um gut basteln zu können, solltest du eine Grundausstattung an Werkzeugen haben:

- festes Transparentpapier, Bleistift, Kohlepapier und Kugelschreiber für Schablonen und zum Übertragen von Vorlagen
- Falzbein oder Stricknadel zum Falzen
- Anspitzer und Radiergummi
- Nähgarn oder Schnur zum Aufhängen
- Wattestäbchen
- Borsten- und Haarpinsel zum Malen
- Schaschlikstäbchen
- Buntstifte, Filzstifte, dünner Filzstift (schwarz), Acrylmarker (schwarz)
- Lineal, Geodreieck® zum Messen und Zeichnen
- Bastelschere und Nagelschere (für kleine Formen und Rundungen)
- Alleskleber, transparenter Klebefilm, evtl. Heißklebepistole
- Klammern (Wäscheklammern), um die Klebestellen zu fixieren
- leere Joghurtbecher oder Gurkengläser zum Mischen der Farben

ARBEITEN MIT FARBEN

Acryl- oder Dispersionsfarben sind gut geeignet zum Arbeiten mit Papier, Karton und Holz. Die Farben sind in verschiedenen Mengen erhältlich, sie sind einfach zu mischen und geben keine schädlichen Dämpfe ab. Sie lassen sich im flüssigen Zustand mit Wasser abwaschen. Wenn sie getrocknet sind, geht das aber nicht mehr! Um eine gewünschte Farbe zu mischen, brauchst du außer deiner Schmuckfarbe auch Weiß und Schwarz. Eine Schmuckfarbe mit Weiß gemischt, macht die Farbe heller, mit Schwarz wird sie dunkler. Zum Mischen der gewünschten Farbe benutzt du am besten leere Joghurtbecher oder Gurkengläser.

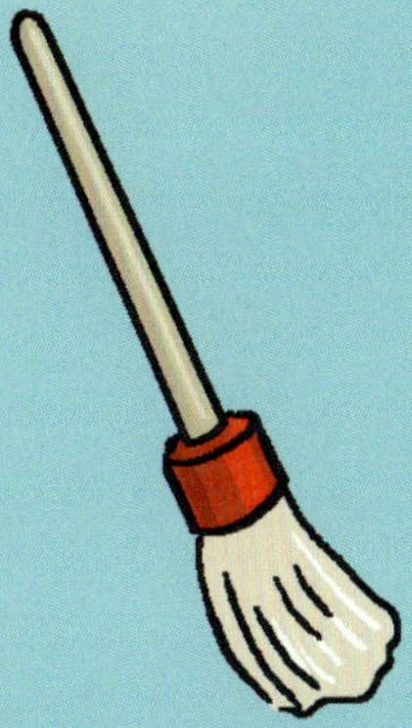

NACHHALTIG BASTELN

Du kannst gerne auch mit gebrauchten Kartons arbeiten, beispielsweise mit Versandpaketen oder alten Verpackungen, mit Pappkernen von Küchen- oder Klopapierrollen und mit altem Zeitungspapier.

VORLAGEN UND SCHABLONEN

Für fast alle Modelle findest du hinten im Buch Vorlagen (ab Seite 84).

So kannst du die Umrisse auf Tonpapier bzw. Fotokarton übertragen:

1 Um die Umrisse direkt auf Tonpapier bzw. Fotokarton zu übertragen, nimmst du einen Bogen Transparentpapier oder dünnes Malpapier, legst es auf die Vorlage und fährst die Linien einfach mit einem Bleistift nach.

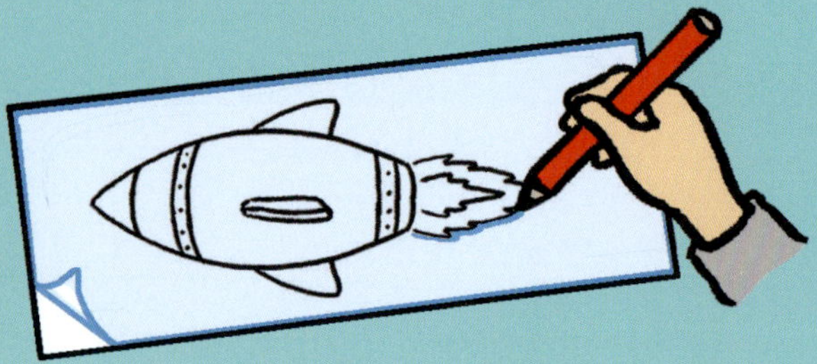

2 Nun kannst du das Transparentpapier ausschneiden, auf das jeweilige Material legen und mit einem Stift umfahren. Wenn du eine Schablone häufiger verwenden möchtest, ist eine festere Schablone sinnvoll. Klebe dazu das Transparentpapier auf einen Karton und schneide die Vorlage entlang der Linien aus. Wenn du diese Schablone nun mit einem Bleistift oder Filzstift umfährst, hast du die Vorlage schon übertragen.

TIPP: Um Zeichnungen wie Gesichter, Schuppen oder Ähnliches zu übertragen, verwendest du am besten Kohlepapier.

Jetzt kannst du das Motiv mit der Schere oder dem Cutter ausschneiden.

TEILE MITEINANDER VERKLEBEN

In den meisten Fällen kannst du die Modelle in diesem Buch mit Alleskleber verkleben. Nur in bestimmten Situationen ist es vielleicht ratsam, transparenten Klebefilm oder eine Heißklebepistole zu verwenden. Sollte dies der Fall sein, wird in der Anleitung darauf hingewiesen. Beim Verkleben mit Alleskleber ist es oftmals sinnvoll, die verklebten Teile mit einer Klammer so lange zu sichern, bis der Kleber getrocknet ist. Sollte deine Klebestelle absolut nicht halten, dann kannst du die Teile auch mit einem Bürohefter zusammenheften.

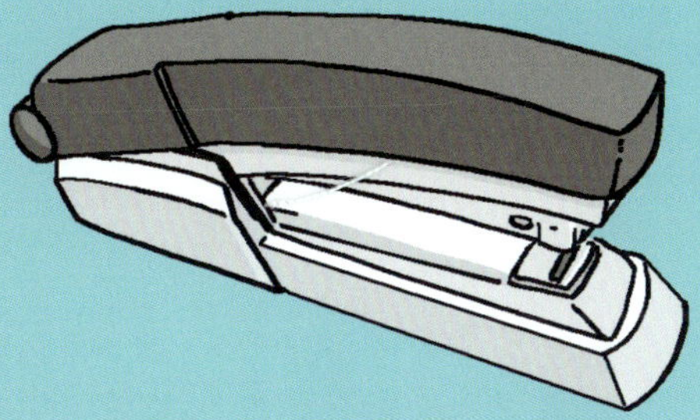

MODELLE AUSSCHMÜCKEN

Zum Ausschmücken deiner Bastelarbeiten kannst du Wackelaugen, bunte Geschenkbänder, Perlen, Federn und vieles mehr verwenden. Schaue einfach zu Hause nach, was du findest und lass deiner Fantasie freien Lauf.

REPARIEREN UND FLICKEN

Wenn du versehentlich eine Klebelasche oder ein anderes wichtiges Element deiner Bastelarbeit abschneidest, kannst du dir so helfen: Schneide zwei passende Stücke Papier aus und klebe damit das abgeschnittene Teil von beiden Seiten wieder an.

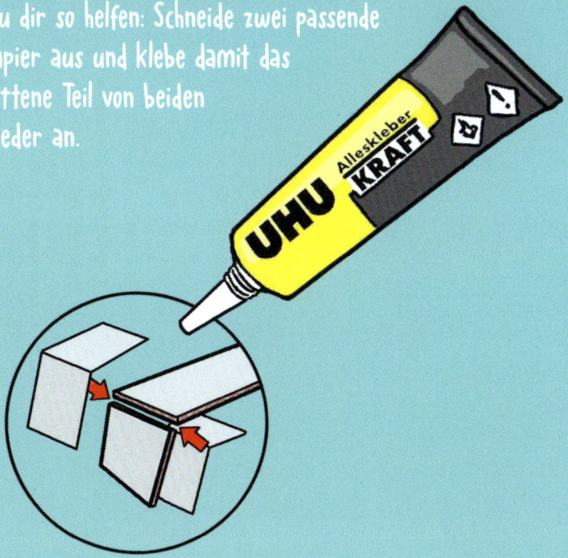

ZUM PUSTEN

ÄTSCH

ZISCH AB, RAKETE!

Schwierigkeit

RAKETE MIT PUSTE-TURBO

Du brauchst:

- Kopierpapier in Weiß, A5
- Trinkhalm
- Büroklammer
- dünner Filzstift in Schwarz
- Bunt- oder Filzstifte in Blau, Rot, Orange und Gelb
- UHU Alleskleber Kraft
- Klebefilm, transparent
- Schere
- Vorlagen Seite 95

1 Übertrage die Vorlagen auf das Kopierpapier und schneide die Teile aus. Male die Rakete an: Der Körper wird blau, die Beschläge rot, die Flügel orange und die Flamme gelb und orange.

2 Den Trinkhalm mit dem kleinen Papierbogen umwickeln und zu einem Rohr verkleben.

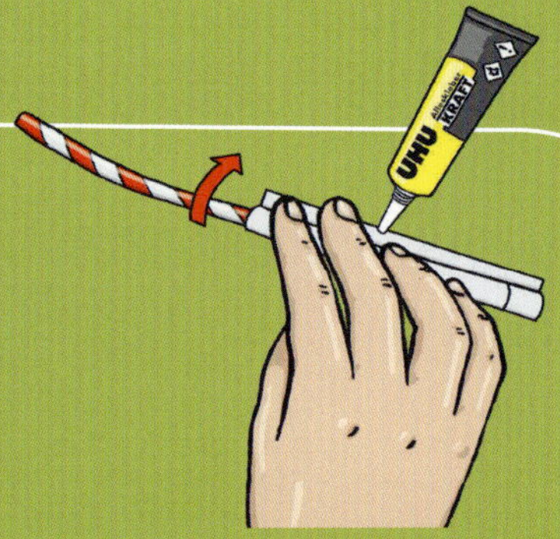

3 Knicke den oberen Teil um und klebe ihn mit transparentem Klebefilm fest. Es soll beim Pusten oben keine Luft mehr entweichen können.

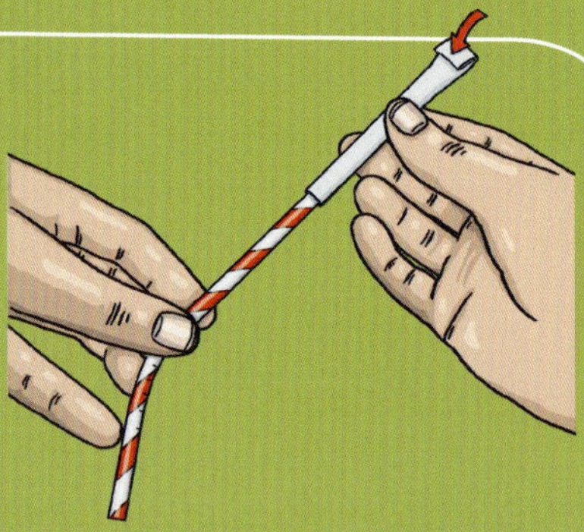

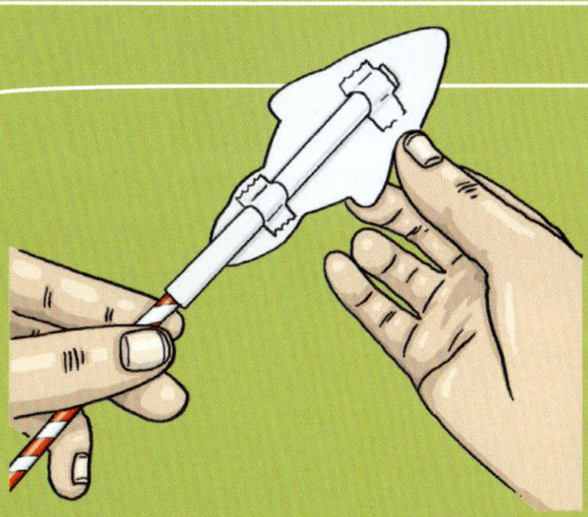

4 Die Rakete mit transparentem Klebefilm am Papierrohr festkleben …

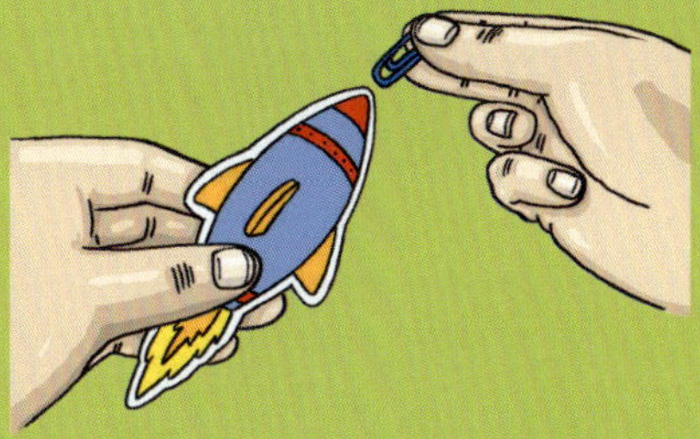

5 … und die Büroklammer an die Spitze der Rakete stecken. Die Klammer brauchst du als Gewicht, damit die Rakete besser fliegt.

6 Wenn du nun kräftig in den Trinkhalm pustest, saust deine Rakete davon.

SEI BRAV, FROSCH!

Schwierigkeit

FRECHER FROSCH STRECKT DIE ZUNGE RAUS

Du brauchst:

- Tonpapier in Grün, A4
- Tonpapier in Weiß, A6
- Transparentpapier in Rot, 5 cm x 27 cm
- Trinkhalm
- dünner Filzstift in Schwarz
- Bunt- oder Filzstifte in Gelb und Grün
- Falzbein
- Linieal
- UHU Alleskleber Kraft
- Klebefilm, transparent
- Schere
- ggf. Cutter mit Schneideunterlage
- Vorlagen Seite 90-91

1 Übertrage mithilfe der Vorlagen den Körper des Froschs auf das grüne Tonpapier und die Augen auf das weiße. Mit Falzbein und Lineal die gestrichelte Linie prägen. Alles ausschneiden.

2 Klappe den oberen Teil des Kopfes nach vorn. Fahre alle Außenlinien sowie den Mund mit dem schwarzen Filzstift nach und male zwei Nasenlöcher auf. Die Augen klebst du auf ihre Position.

3 Falte das rote Transparentpapier in der Mitte und verklebe es zu einem Schlauch. Achtung: Dieser muss oben offen bleiben!

4 Schiebe den Trinkhalm von oben etwa 3 cm in den Schlauch und klebe ihn fest. Um den Schlauch abzudichten, klebst du zusätzlich einen transparenten Klebestreifen ringsherum.

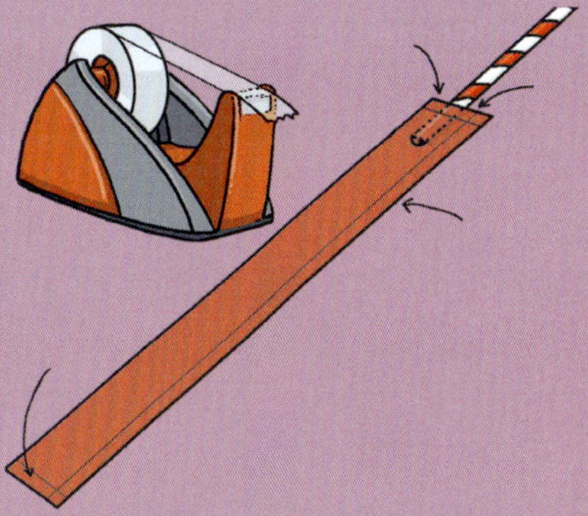

5 Rolle den Schlauch ganz eng von unten nach oben auf. Puste in den Trinkhalm, um zu sehen, ob alles dicht ist.

6 Nun den Trinkhalm von unten zwischen den Kopfteilen durch das Loch schieben und beide Teile miteinander verkleben. Zum Schluss kannst du den Frosch mit den Buntstiften verschönern.

ROBB LOS, RAUPE!

Schwierigkeit

LUSTIGE RAUPE IN BEWEGUNG

Du brauchst:

- Tonpapier in Orange, A5
- 2 Wackelaugen, ø 7 mm
- dünner Filzstift in Schwarz
- Trinkhalm
- UHU Alleskleber Kraft
- Schere

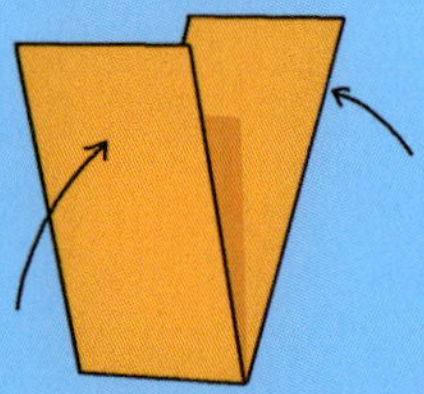

1 Schneide einen Streifen von 4 cm x 16 cm aus dem Tonpapier und falte ihn genau in der Mitte wie auf dem Bild.

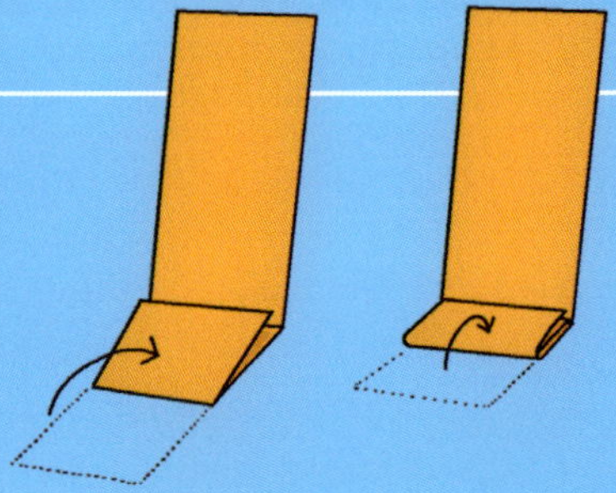

2 Den unteren Teil zweimal in der Mitte falten.

3 Dasselbe machst du mit dem oberen Teil.

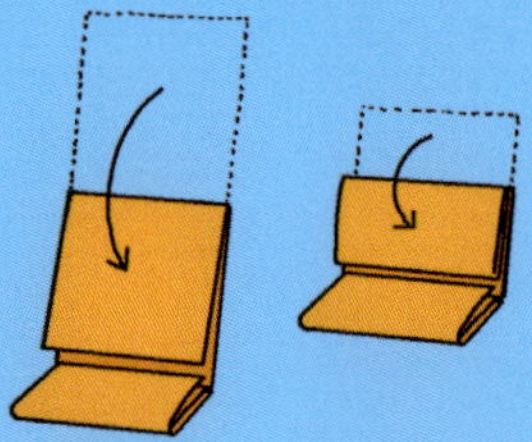

4 Nun Ober- und Unterteil zusammenklappen …

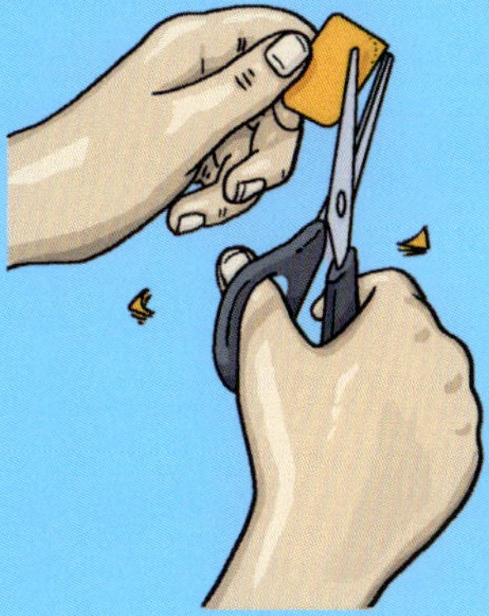

5 … und die Ecken mit der Schere abrunden. Falte alles wieder auf.

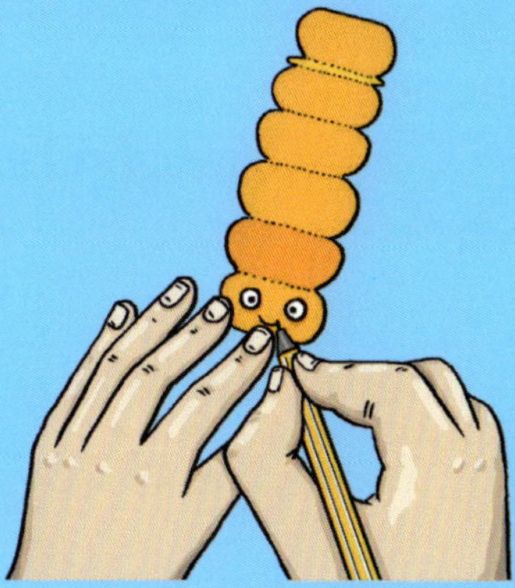

6 An einem Ende einen Mund aufmalen und die Wackelaugen aufkleben. Schon hat deine Raupe ein Gesicht.

7 Wenn du nun von oben und hinten mit dem Trinkhalm an deine Raupe bläst, robbt sie davon.

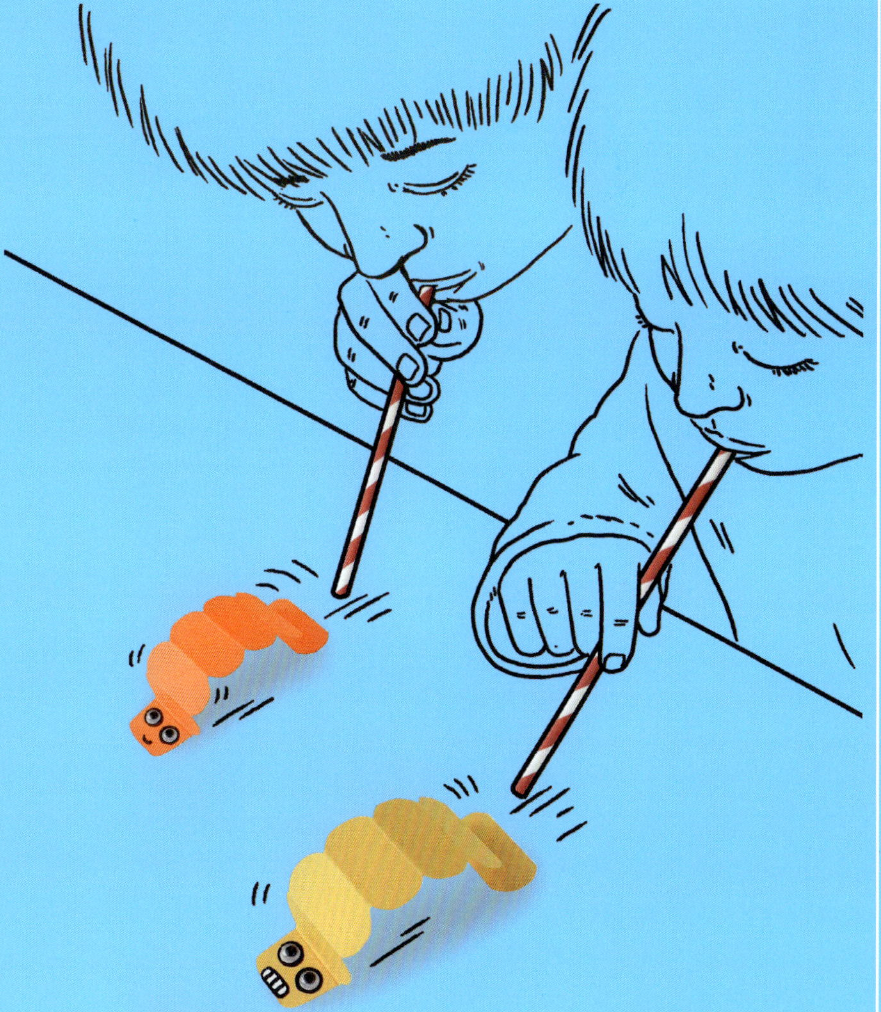

TIPP

Bastle mehrere Raupen und veranstalte ein Raupen-Wett-Pusten mit deinen Freunden.

BALL, STEH IN DER LUFT!

Schwierigkeit ●○○

SCHWEBENDER BALL IM TRICHTER

Du brauchst:

- Tonpapier in Blau, A5
- Trinkhalm
- Styropor®-Kugel, ca. ø 2,5 cm
- UHU Alleskleber Kraft
- Klebefilm, transparent
- schmales Klebeband
- Zirkel
- Schere

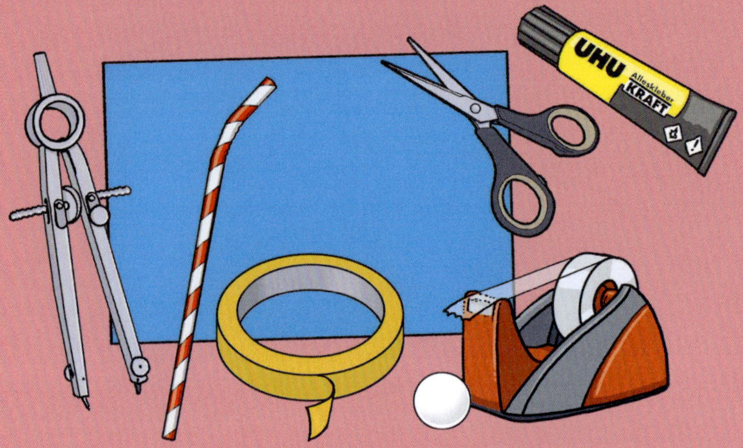

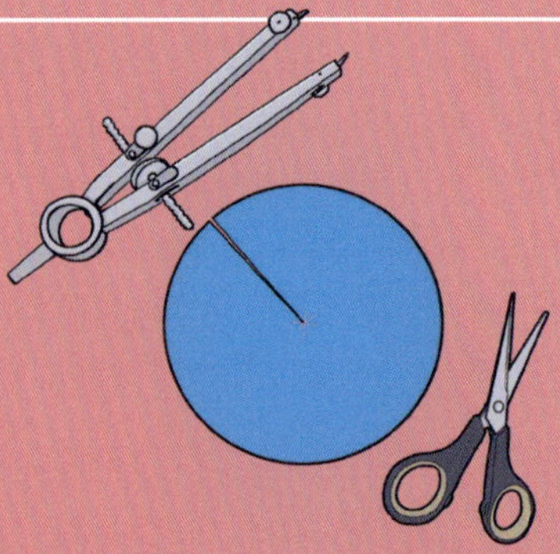

1 Zeichne mit dem Zirkel einen Kreis mit einem Durchmesser von 10 cm und schneide ihn aus. Eine gerade Linie vom Rand zum Mittelpunkt des Kreises (Zentrum) schneiden.

2 Im Zentrum machst du 5-6 kurze Schnitte, jeder Schnitt sollte maximal 5 mm lang sein.

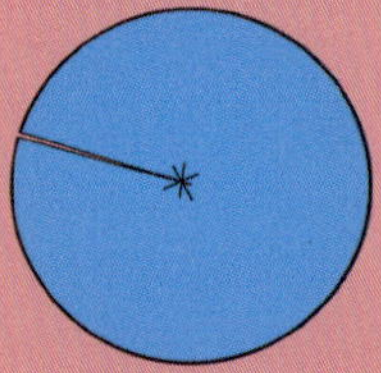

3 Aus der Scheibe einen Trichter formen. Verklebe alles gut und lasse es trocknen. Die Klebestelle mit transparentem Klebefilm sichern.

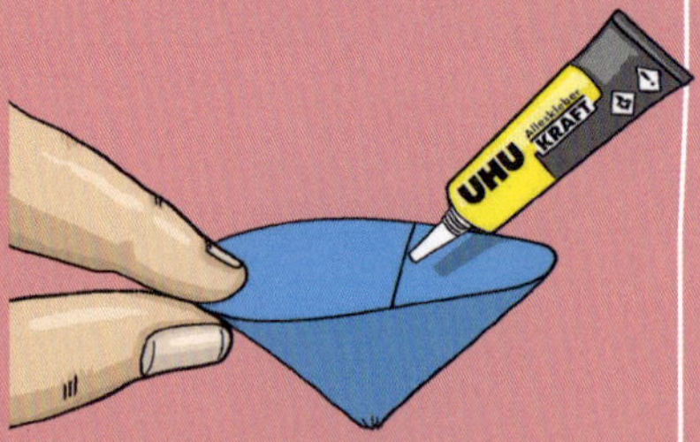

4 Schiebe den Trinkhalm von oben durch den Trichter. Die kurze Seite des Trinkhalms vor dem Knick bleibt ca. 2 cm im Trichter. Klebe den Trinkhalm mithilfe des schmalen Klebebands von außen am Trichter fest. Puste durch den Trinkhalm: Sollte irgendwo seitlich noch Luft austreten, kannst du das Leck mit Klebstoff stopfen.

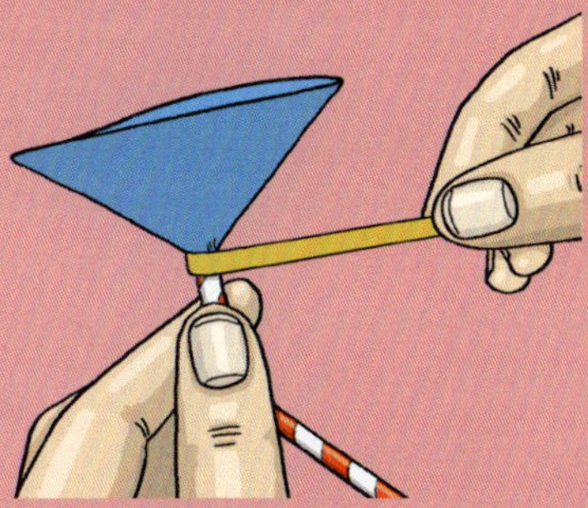

5 Deinen Trinkhalm, wie im Bild gezeigt, halten. Puste konstant hinein und setzte dann den Styropor®-Ball etwa 3-4 cm über dem Trichterrand ab. Siehe da, er schwebt!

ZUM DREHEN

WROOM

HEB AB, HELI!

●●● Schwierigkeit

HELIKOPTER MIT DREHENDEN ROTOREN

Du brauchst:

- Mikrowellpappe in Weiß, A4
- dünner Filzstift in Schwarz
- Bunt- oder Filzstifte in Hellblau, Rot, Hellgrau und Grau
- Deckel einer PET-Getränkeflasche
- Schaschlikstäbchen
- Gummiring
- Unterlegscheibe aus Metall, ca. ø 1,5 cm
- Falzbein
- Lineal
- Schere
- Cutter mit Schneideunterlage
- Handbohrer oder Lochzange
- UHU Alleskleber Kraft
- Heißklebepistole
- Vorlagen Seite 100–101

1 Übertrage die Vorlagen auf die Mikrowellpappe, male die Teile des Helikopters an und schneide alles aus. Die gestrichelten Linien werden mit dem Falzbein nachgezogen. Schneide aus dem Schaschlikstäbchen ein Teil von 16 cm Länge und eines von 6,5 cm zurecht.

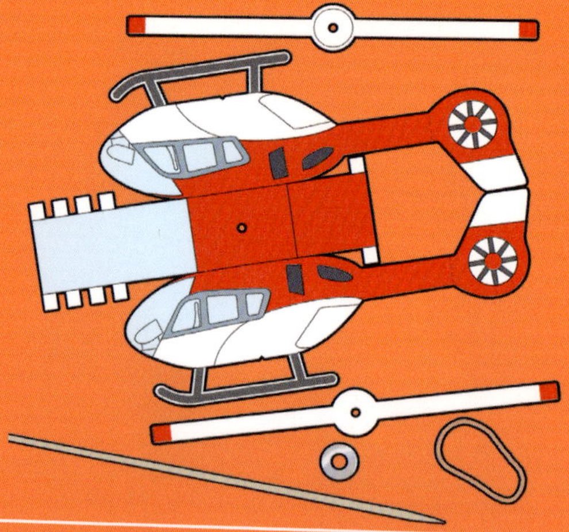

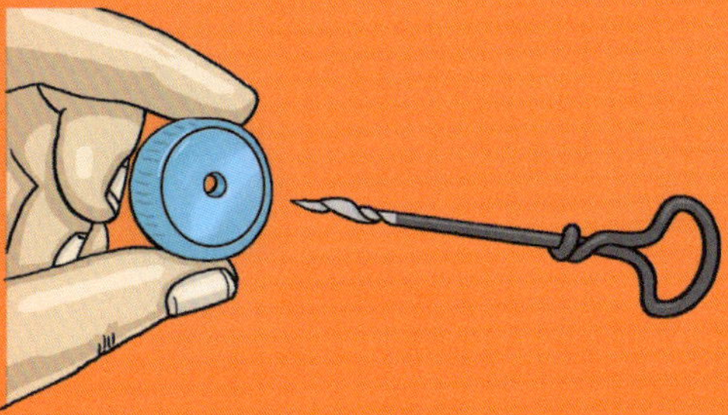

2 Bohre mit dem Handbohrer ein Loch in den Deckel der Getränkeflasche. Alternativ kannst du auch mit einer Lochzange ein Loch hineinzwicken.

3 Den Gummiring wie abgebildet um den langen Teil des Schaschlikstäbchens schlingen.

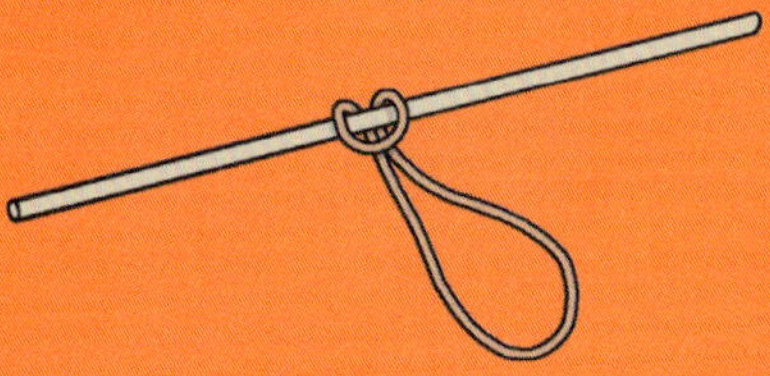

4 Klebe die beiden Rotoren übereinander, sodass sie ein Kreuz bilden. Lege sie mittig auf den Flaschendeckel und zeichne die Linien um die Rotorblätter herum an. Entferne den Rotor und kerbe mit dem Cutter die eingezeichneten Stellen im Deckel aus, sodass der Rotor satt im Deckel sitzen kann.

5 Die Teile wie im Bild zusammensetzen, dabei den Gummiring durch das Loch im Deckel fädeln. Alles mithilfe der Heißklebepistole verkleben.

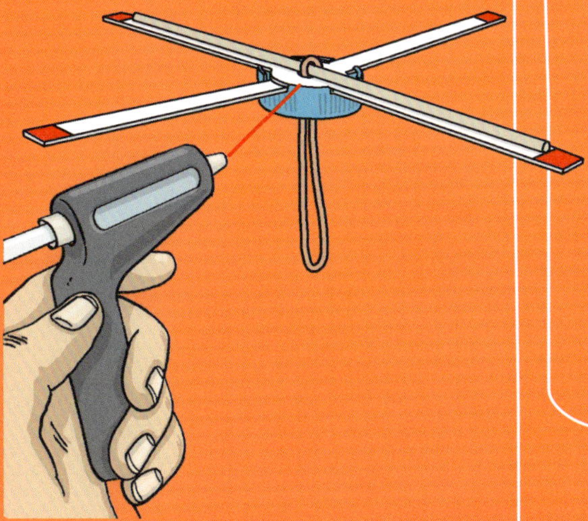

6 Klebe die Kanzel des Helikopters mithilfe der Klebelaschen zusammen.

Weiter geht's auf der nächsten Seite. --►

7 Füge nun alle Teile, wie im Bild gezeigt, zusammen. Bringe dabei die Unterlegscheibe zwischen dem Deckel und der Kanzel an.

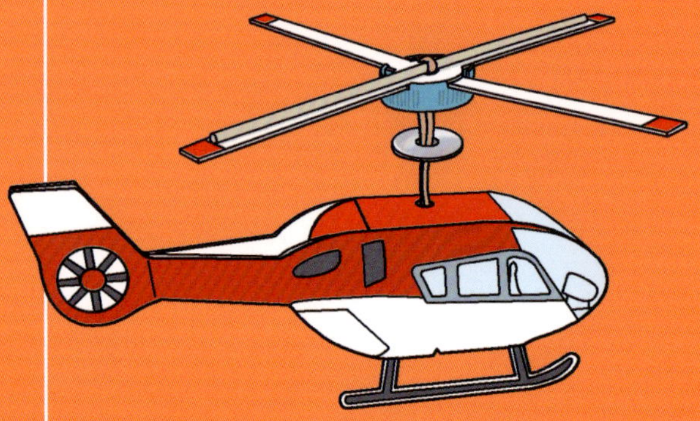

8 Ziehe den Gummiring nach unten heraus und fixiere ihn mit dem kurzen Schaschlikstäbchen in der Kerbe oberhalb der Kufen (siehe kleiner Bildausschnitt). Um deinen Helikopter zu starten, musst du nun den Rotor aufdrehen. Lass los und der Rotor des Helis dreht sich von selbst.

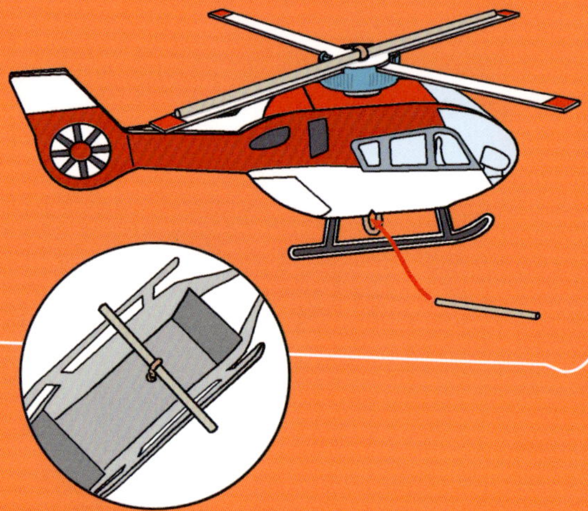

DREH DICH, TURNER!

Schwierigkeit

TURNER AM RECK

Du brauchst:

- Mikrowellpappe in Weiß, A3
- Schaschlikstäbchen
- Zahnstocher
- dünner Filzstift in Schwarz
- Bunt- oder Filzstifte in Hellbraun, Lachsfarben, Rot, Blau und Grau
- Falzbein
- Schere
- ggf. Cutter mit Schneideunterlage
- Lochzange oder dicke Nadel
- Heißklebepistole
- UHU Alleskleber Kraft
- Vorlagen Seite 98-99

1 Übertrage die Vorlagen auf die Mikrowellpappe, male sie an und schneide die Teile aus. Gestrichelte Linien mit dem Falzbein vorsichtig nachfahren. Stanze die Löcher mit der Lochzange aus.

Weiter geht's auf der nächsten Seite. --►

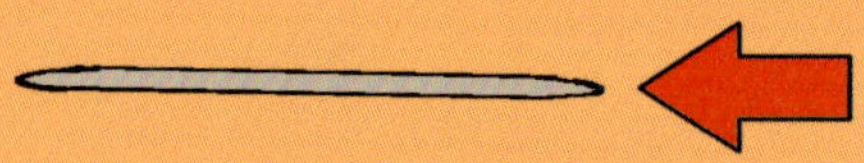

2 Die einzelnen Teile des Turners wie auf dem Bild hinlegen und vorsichtig mit dem Zahnstocher verbinden. Die überstehenden Teile des Zahnstochers kannst du abbrechen. Knicke die Füße nach oben.

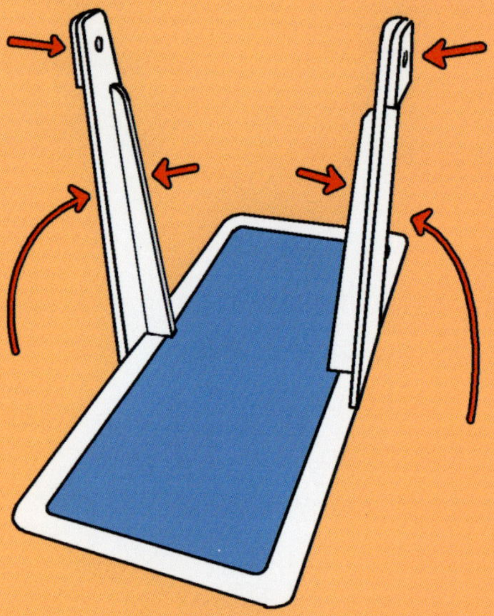

3 Die Streben des Turngeräts an der Basisplatte aufrichten und wie gezeigt mit den beiden Streben verkleben.

4 Nun schiebst du das Schaschlikstäbchen vorsichtig durch Turner und Streben. Verklebe das Schaschlikstäbchen und den Turner miteinander. Die Scheiben an ihre Position schieben und mit dem Schaschlikstäbchen verkleben.

5 Falte die Laschen der Kurbel um und verklebe sie. Klebe ein etwa 2-3 cm langes Stück des übrigen Schaschlikstäbchens an eine Seite der Kurbel.

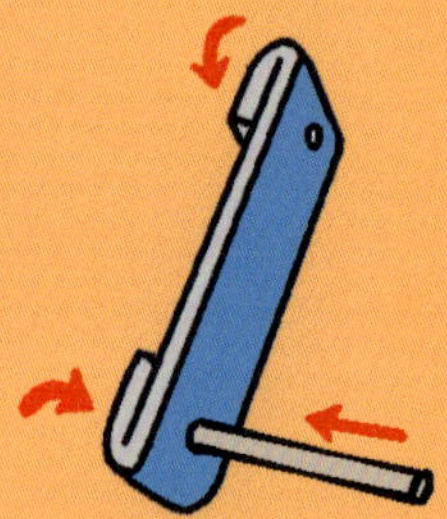

6 Zuletzt die Kurbel aufstecken und mit dem Schaschlikstäbchen verkleben. Jetzt geht's rund!

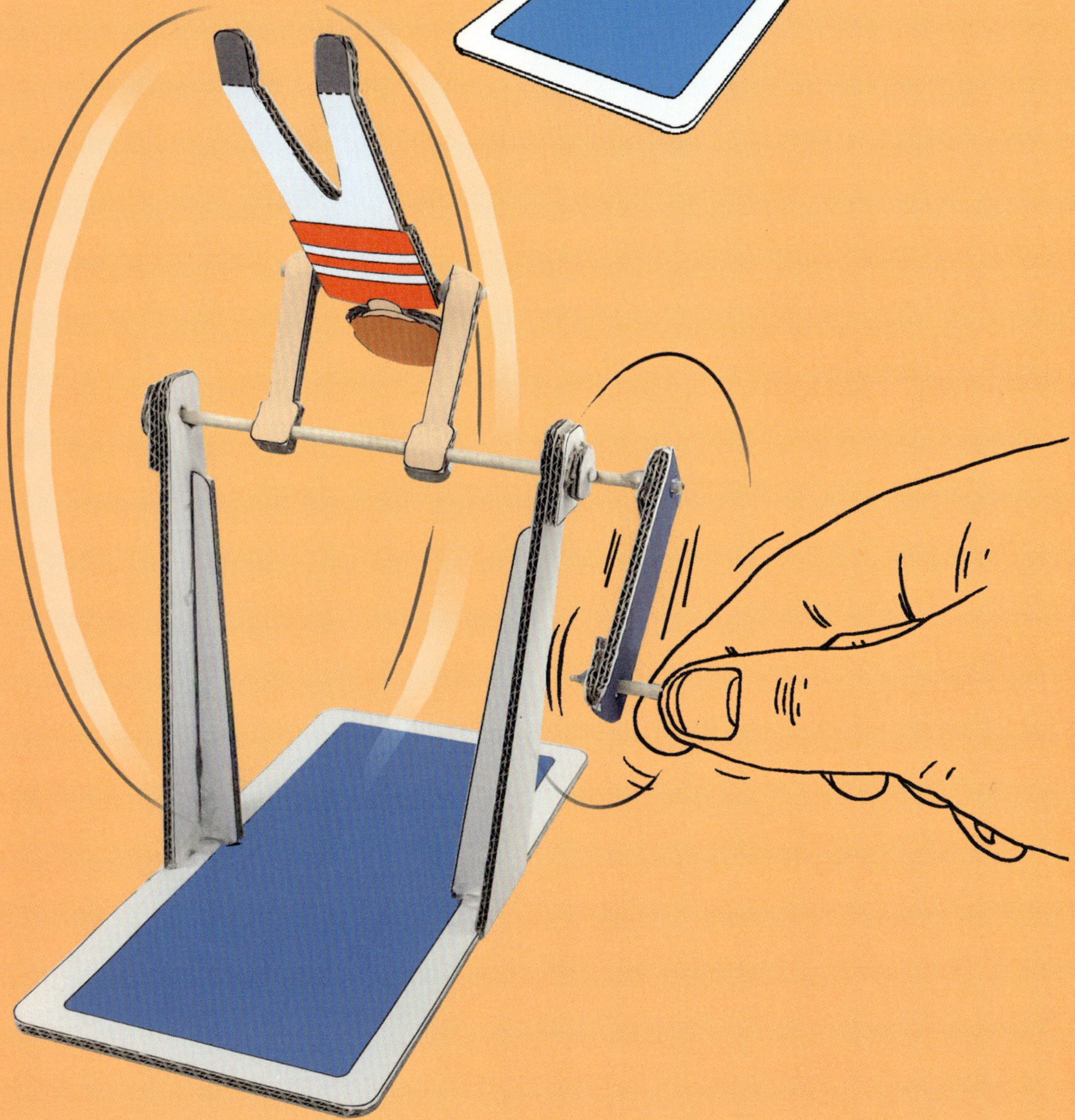

DÜS LOS, FLITZER!

●●● Schwierigkeit

RASENDER RENNWAGEN MIT DREH-MOTOR

Du brauchst:

- Kopierpapier in Weiß, A4
- Fotokarton in Weiß, A4
- leere PET-Getränkeflasche, farbigtransparent
- 4 Flaschendeckel
- 2 Trinkhalme
- 4 Eisstäbchen
- 2 Schaschlikstäbchen
- Gummiring
- dünner Filzstift in Schwarz
- Bunt- oder Filzstifte in Rot, Gelb, Blau und Grau
- ggf. Cutter mit Schneideunterlage
- Schere
- Lochzange
- Falzbein
- Heißklebepistole
- UHU Alleskleber Kraft
- Vorlagen Seite 93

1 Übertrage die vier Felgen der Räder mithilfe der Vorlagen auf das Kopierpapier und schneide sie aus. Die anderen Teile überträgst du auf das Tonpapier und schneidest sie aus.

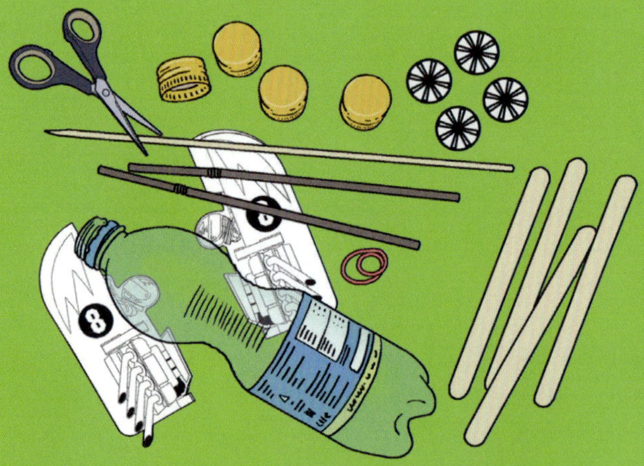

2 Male die beiden Teile des Rennwagens an und falze die gestrichelten Linien mit dem Falzbein.

3 Schneide aus der Trinkflasche eine Form, wie auf dem Bild zu sehen.

4 Falte an jeder Wagenhälfte den Teil mit dem Fahrer nach oben. Klebe die Wagenhälften zusammen.

5 Kürze zwei der Eisstäbchen auf 6 cm. Klebe nun alle vier Eisstäbchen zu einem Rahmen zusammen. Dabei darauf achten, dass sie im rechten Winkel zueinander liegen.

6 Jetzt klebst du das Wagenteil auf den Rahmen. Der Rahmen sollte hinten soweit überstehen, dass er im vorderen Bereich nicht zu sehen ist (siehe Bild Schritt 7).

Weiter geht's auf der nächsten Seite. --►

7 Von den Trinkhalmen ein Stück mit 9 cm und zwei Stücke mit je 1 cm abschneiden und wie gezeigt von unten an den Rahmen kleben.

TIPP

Sollten die Räder deines Rennwagens beim Start durchdrehen, dann kannst du um die Räder der Hinterachse Gummiringe wickeln. Das erhöht den Grip (Bodenhaftung).

8 Kürze die Schaschlikstäbchen auf eine Länge von 11,5 cm. Schiebe sie durch die Trinkhalme und klebe die Flaschendeckel als Räder an die Enden. Achte darauf, dass die Räder schön in der Mitte und nicht schief angeklebt sind. Alles gut trocknen lassen.

9 Schneide ein kleines Stück (etwa 1 cm) vom restlichen Schaschlikstäbchen ab und klebe es in der Mitte der Hinterachse auf. Hier wird später der Gummiring eingehängt.

10 Jetzt kannst du die Felgen auf die Räder kleben.

11 Zuletzt den Gummiring einhängen und mit einem Tropfen aus der Heißklebepistole fixieren. Drehe die Räder der Hinterachse so lange, bis richtig Spannung entsteht. Setze den Rennwagen auf den Boden, lass die Räder der Hinterachse los – und schon saust der Wagen davon!

HÜPF
HÜPF

ZUM DRÜCKEN

HÜTE, HUND!

HUND MIT OFFENEM MAUL

●●● Schwierigkeit

Du brauchst:

- Kopierpapier in Weiß, A4
- Wäscheklammer
- dünner Filzstift in Schwarz
- Bunt- oder Filzstifte in Hellbraun, Dunkelbraun, Schwarz und Rosa
- Klebefilm, transparent
- Falzbein
- Stecknadel
- Schere
- UHU Alleskleber Kraft
- Vorlagen Seite 88

1 Übertrage die Vorlagen auf das Kopierpapier. Die Teile ausschneiden und anmalen: Die Flecken und die Pfoten bleiben weiß, das Fell wird hellbraun, Augenbrauen und Schnauze dunkelbraun, die Nase schwarz und die Zunge rosa. Falze die Teile entlang der gestrichelten Linien.

2 Körperteil 1 und Körperteil 2 mithilfe der Laschen von Körperteil 2 zusammenkleben. Körperteil 1 dabei nur biegen und nicht knicken.

3 Klebe den Unterkiefer zusammen und die Zunge auf.

4 Nun ist der Kopf an der Reihe. Klebe ihn an den Laschen zusammen. Achte darauf, das Gesicht nur zu biegen und nicht zu knicken.

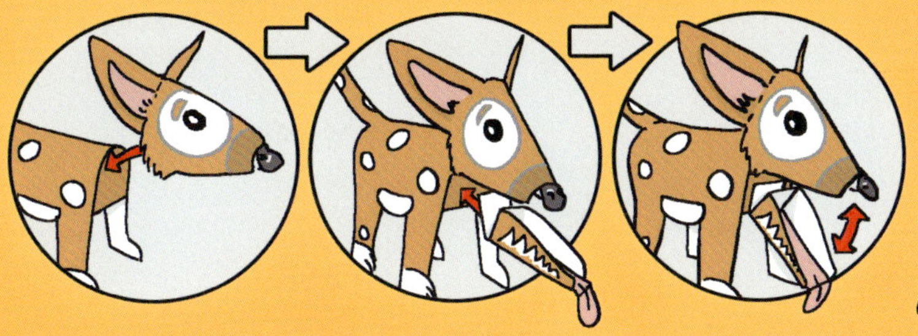

5 Den Kopf und den Unterkiefer an den Körper kleben und anschließend alles zusammen auf der Wäscheklammer befestigen.

6 Knicke den Streifen entlang der Falzlinie.

7 Nun klebst du den Streifen mit dem geknickten Teil von unten an den Kiefer. Ist alles gut getrocknet, fixierst du den Streifen mit der Stecknadel an der Wäscheklammer.

Weiter geht's auf der nächsten Seite. --►

8 Wenn du vorsichtig auf die Klammer drückst, öffnet sich das Maul des Hundes.

DÜS LOS, RAKETE!

Schwierigkeit

RAKETE MIT FLASCHENANTRIEB

Du brauchst:

- Tonpapier in Gelb, 8 cm x 8 cm
- Tonpapier in Rot, 6,5 cm x 6,5 cm
- Trinkhalm
- leere Spülmittelflasche
- Zirkel
- Schere
- UHU Alleskleber Kraft

1 Umwickle den Trinkhalm mit dem gelben Tonpapier und verklebe es zu einer Röhre.

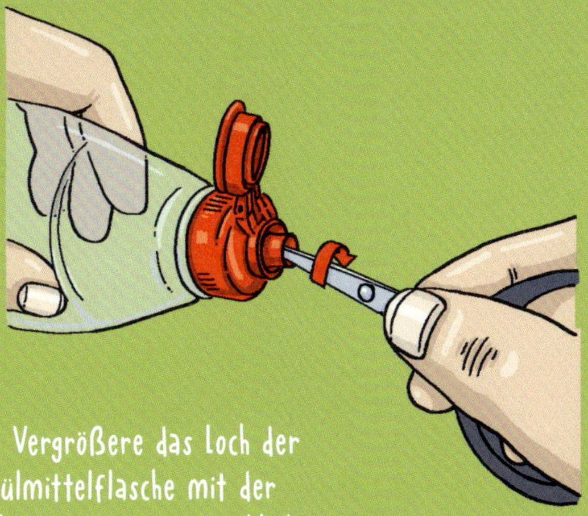

2 Vergrößere das Loch der Spülmittelflasche mit der Schere, sodass der Trinkhalm hindurchpasst, aber nicht zu locker sitzt.

Weiter geht's auf der nächsten Seite. --►

3 Kürze den Trinkhalm auf 14 cm Länge und stecke ihn bis zur Mitte fest in die Flasche.

4 Zeichne mit dem Zirkel einen Kreis von 6 cm Durchmesser auf das rote Tonpapier, schneide ihn aus und zerteile ihn genau in der Mitte. Die Mittellinie erhältst du, wenn du den Kreis einmal mittig faltest.

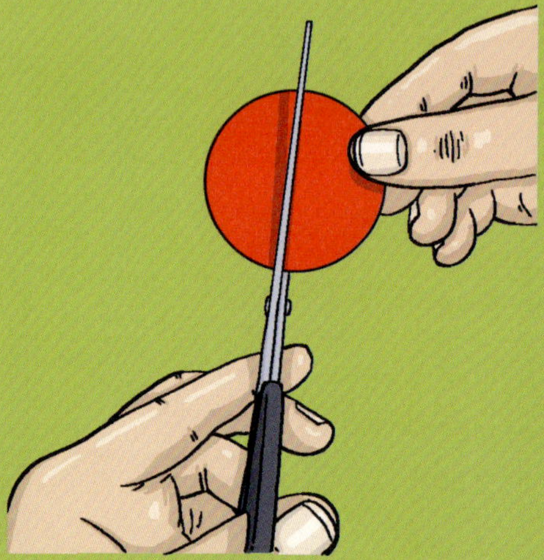

5 Drehe den Halbkreis zu einer Spitze und verklebe sie.

6 Bestreiche das eine Ende des gelben Tonpapierrohrs mit Klebstoff ...

7 ... und klebe die Spitze auf. Lass die gebastelte Rakete gut trocknen.

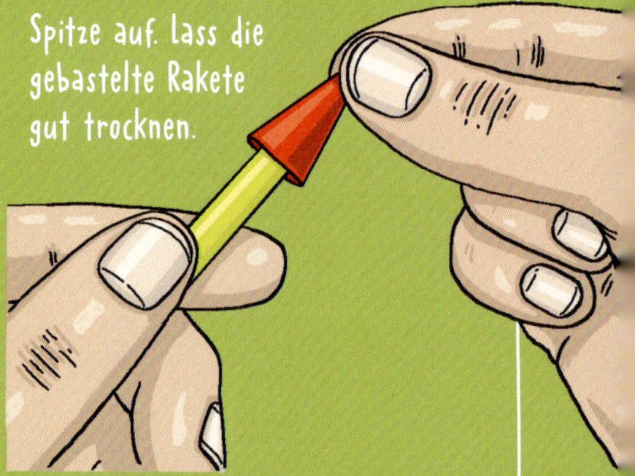

8 Stecke die Rakete nun auf den Trinkhalm der Flasche. Drücke die Flasche rasch mit beiden Händen zusammen – und schon saust die Rakete davon.

ACHTUNG!

Richte die Rakete nicht auf Tiere oder Menschen und achte auch darauf, dass du sie beim Start von dir weghältst. Die Raketenspitze kann sonst zu Verletzungen führen!

KANINCHEN, HÜPF!

●●● Schwierigkeit

HOPSENDES KANINCHEN DURCH FLASCHENDRUCK

Du brauchst:

- Tonpapier in Weiß, A6
- leere Shampooflasche
- dünner Filzstift in Schwarz
- Bunt- oder Filzstifte in Rot, Rosa und Grau
- Schaschlikstäbchen
- Styropor®-Kugel ca. ø 1,5 cm
- Gummiring
- Schere
- Cutter mit Schneideunterlage
- Lochzange
- UHU Alleskleber Kraft
- Vorlagen Seite 88

1 Übertrage die Vorlagen für das Kaninchen auf das Tonpapier, male die Teile an und schneide sie aus.

2 Zuerst das Schaschlikstäbchen kürzen. Es sollte, wenn es in der Mitte der Shampooflasche steckt, oben noch ca. 6 cm herausschauen. Das Stäbchen in die Styropor®-Kugel stecken und festkleben. Erweitere mit dem Cutter oder der Schere das Loch der Flasche, sodass die Kugel mit dem Schaschlikstäbchen hineinpasst. Lass dir dabei von einem Erwachsenen helfen! Schneide aus dem Tonpapier einen Ring als Dichtung aus. Das innere kleine Loch sollte minimal größer sein als die Dicke des Stäbchens. Stecke die Dichtung auf das Schaschlikstäbchen und verklebe sie mit der Flasche. Achtung: Die Dichtung nur an der Flasche festkleben – das Stäbchen sollte sich leicht hoch und runter bewegen lassen.

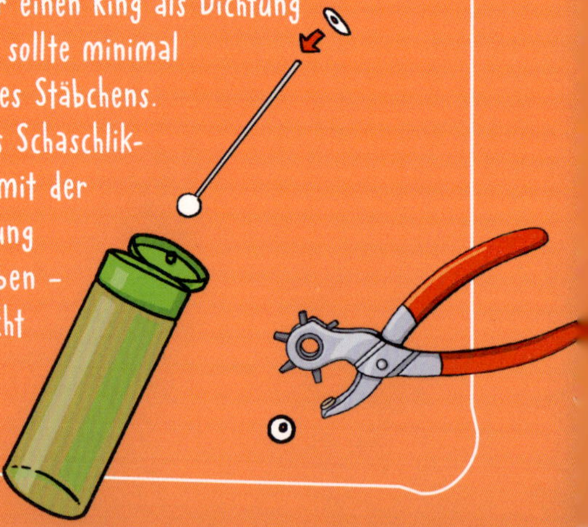

3 Umwickle das Schaschlikstäbchen fest mit dem Gummiring, sodass das Stäbchen ca. 6 cm aus der Flasche ragt. Beide Kaninchenteile oben an das Schaschlikstäbchen kleben.

4 Wenn du nun immer wieder fest auf die Flasche drückst, hüpft das Kaninchen auf und ab.

MACH DIE FLATTER, SCHMETTERLING!

Schwierigkeit

FLATTERNDER SCHMETTERLING AUF DER KLAMMER

Du brauchst:

- Kopierpapier in Weiß, A5
- Tonpapier in Orange, A5
- Wäscheklammer
- dünner Filzstift in Schwarz
- Bunt- oder Filzstifte in Gelb und Orange
- Falzbein
- Schere
- ggf. Cutter mit Schneideunterlage
- UHU Alleskleber Kraft
- Vorlagen Seite 99

1 Übertrage den Schmetterling mithilfe der Vorlage auf das Kopierpapier, male den Schmetterling an, schneide ihn grob aus und klebe ihn auf das Tonpapier. Den schmalen Streifen überträgst du direkt von der Vorlage auf das Tonpapier. Schneide nun alle Teile sorgfältig aus. Falze entlang der gestrichelten Linien.

2 Den Schmetterling und auch den Streifen, wie im Bild gezeigt, falten. Klebe anschließend den Schmetterling auf die Wäscheklammer. Danach befestigst du den Streifen von unten an der Klammer und dem Schmetterling. Lass alles gut trocknen. Achte darauf, dass die Flügel beim Trocknen immer nach oben zeigen.

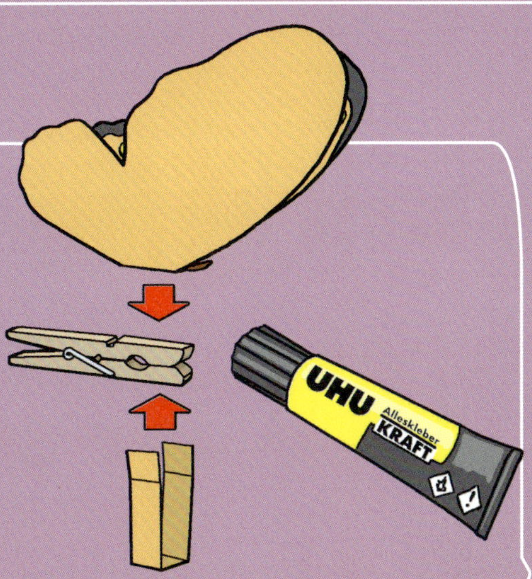

3 So sieht der fertige Schmetterling aus.

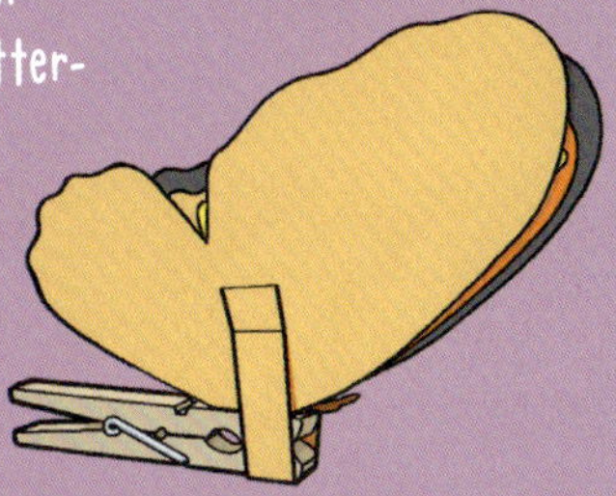

4 Wenn du die Klammer betätigst, dann flattert dein Schmetterling gleich los.

SEEPFERDCHEN, SCHWIMM!

Schwierigkeit

SÜẞES SEEPFERDCHEN IM FLASCHEN-AQUARIUM

Du brauchst:

FÜR EIN GELB-ORANGENES SEEPFERDCHEN

- Kopierpapier in Weiß, A6
- transparente Klebefolie, A4
- leere PET-Getränkeflasche mit Schraubverschluss
- 2 Büroklammern
- Trinkhalm zum Knicken
- dünner Filzstift in Schwarz
- wasserfeste Filzstifte in Gelb und Orange
- Schere
- UHU Alleskleber Kraft
- ggf. Heißklebepistole
- Vorlagen Seite 91

1 Übertrage die Vorlagen auf das Kopierpapier. Male beide Teile an: den Körper in Gelb, die Punkte und Flossen in Orange. Schneide beide Teile aus.

2 Klebe die beiden Hälften zwischen zwei Klebefolien.

3 Schneide die Teile erneut aus. Achte dabei darauf, etwas mehr Klebefolie als Rand stehenzulassen und die Seepferdchen-Hälften nicht exakt an den Linien auszuschneiden. So bleibt dein Seepferdchen vor dem Wasser geschützt.

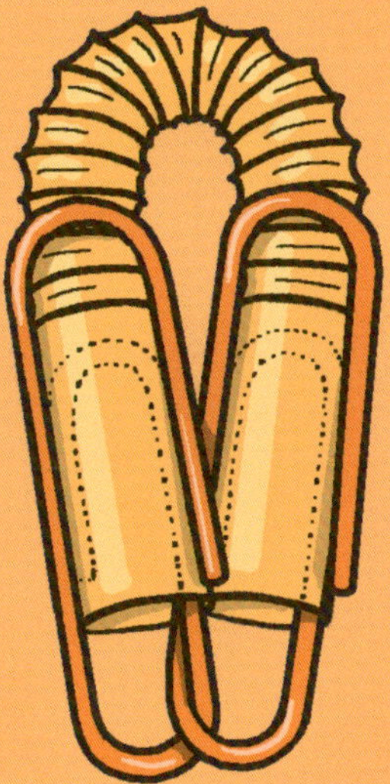

4 Schneide das knickbare Element des Trinkhalms ab. Die Büroklammern ineinander verschlingen und die kurzen Enden in die Öffnungen des Trinkhalms stecken.

5 Klebe den Trinkhalm mit den Büroklammern zwischen die beiden Seepferdchen-Hälften.

Weiter geht's auf der nächsten Seite. --►

6 Die Flasche bis zum Rand mit Wasser füllen und das Seepferdchen hineingeben. Verschließe die Flasche fest.

7 Dein Seepferdchen schwimmt zunächst oben. Drückst du die Flasche aber zusammen, so schwimmt dein Seepferdchen nach unten bis auf den Grund der Flasche. Drücke mal mehr, mal weniger und lass so dein Seepferdchen lustig auf und ab steigen.

TIPP

Bastle mehrere Seepferdchen in unterschiedlichen Farben und lass sie gemeinsam in der Flasche schwimmen.

WARUM IST DAS SO?

Die Luft im Inneren des geknickten Röhrchens sorgt für Auftrieb, sodass das Seepferdchen oben schwimmt. Wenn du die Flasche zusammendrückst, erhöht sich der Druck in der Flasche. Das Wasser verändert sein Volumen unter Druck allerdings kaum – es lässt sich schlecht zusammenpressen (komprimieren). Luft hingegen lässt sich gut komprimieren. Das Wasser überträgt den Druck auf die Luft im Inneren des Röhrchens und komprimiert diese. Das geringere Volumen der Luft sorgt für einen schlechteren Auftrieb – das Seepferdchen sinkt auf den Grund.

ZOMPPP
ZOMPPP

ZUM ZIEHEN

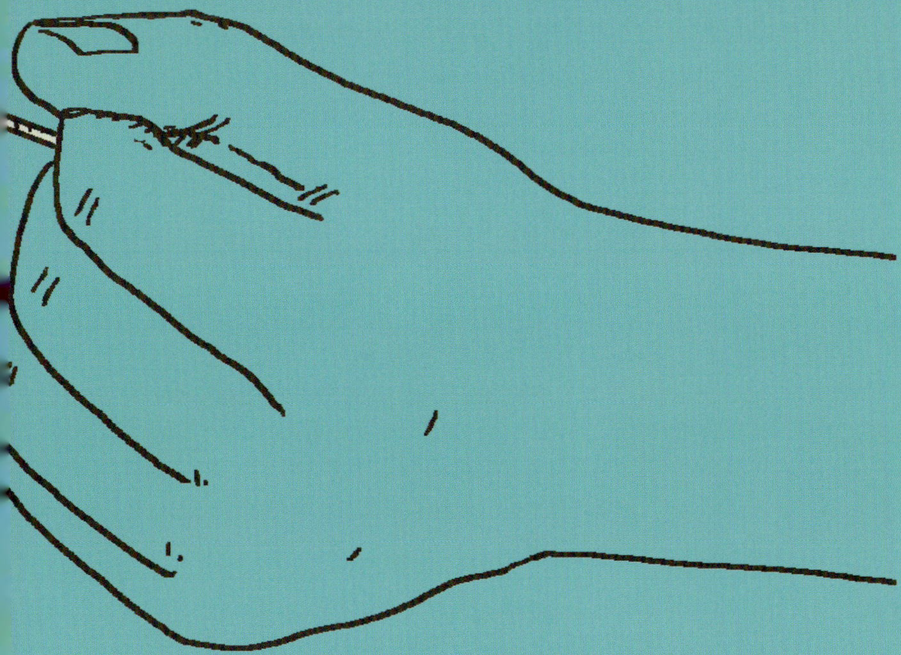

KLETTER, ÄFFCHEN!

Schwierigkeit

KLETTERAFFE MIT SEILEN

Du brauchst:

- Tonpapier in Weiß, A4
- 2 Perlen mit Loch, ø 1,5 cm
- Trinkhalm
- Schnur, 1,50 m lang
- dünner Filzstift in Schwarz
- Bunt- oder Filzstifte in Braun und Hellbraun
- Schere
- UHU Alleskleber Kraft
- ggf. Heißklebepistole
- Vorlagen Seite 86-87

1 Übertrage die beiden Seiten des Äffchens mithilfe der Vorlagen auf das Tonpapier.

2 Schneide beide Teile sorgfältig aus.

3 Bemale nun die Teile: Der Körper wird braun, Bauch, Gesicht und Innenohren werden hellbraun. Mit dem schwarzen Filzstift die Konturen nachzeichnen. Von einem Trinkhalm zwei etwa 2,5 cm lange Stücke abschneiden und …

4 … wie gezeigt auf die Rückseite des Vorderteils kleben. Achte darauf, dass die beiden Röhren leicht schräg sind (siehe rot gestrichelte Linien). Fädle nun die Schnur so ein, dass die beiden Enden unten sind und die Schnur oben geschlossen ist.

5 Befestige an jedem Schnurende eine Perle und sichere sie durch mehrere Knoten. Zum Test die Schnur oben an einer Türklinke aufhängen und versuchen, das Äffchen durch wechselweises Ziehen an den Schnurenden nach oben klettern zu lassen. Hat alles geklappt, kannst du die Rückseite des Äffchens ankleben.

DREH AB, SCHEIBE!

Schwierigkeit

IRRE SCHEIBE MIT WOW-EFFEKT

Du brauchst:

- Fotokarton in Weiß, A5
- dünner Filzstift in Schwarz
- Bunt- oder Filzstifte in Gelb, Blau und Grün
- dünne, stabile Schnur, ca. 80 cm lang
- Zirkel
- dicke Nadel
- Schere
- UHU Alleskleber Kraft
- Vorlagen Seite 89

1 Zeichne mit dem Zirkel zwei Kreise mit jeweils einem Durchmesser von 10 cm auf den Fotokarton und übertrage die Motive mithilfe der Vorlagen auf beide Scheiben. Die Scheiben mit den Stiften anmalen: Die Spirale wird grün, das Karomuster gelb und blau. Klebe die Scheiben zusammen.

2 Stich mit der Nadel zwei Löcher in die Scheibe: Sie sollen zur Scheibenmitte einen Abstand von 5 mm haben und zueinander einen Abstand von 1 cm.

3 Nun die Schnur durch die Löcher fädeln und die beiden Enden miteinander verknoten.

4 Halte die Schnur, wie im Bild gezeigt, und bringe die Scheibe so zum Schwingen.

5 Sobald die Scheibe genug Schwung hat, ziehst du die Schlingen auseinander und lässt sie wieder locker. Wieder auseinanderziehen und lockerlassen usw.

WACKLE LOS, EINHORN!

●●● Schwierigkeit

EINHORN-MARIONETTE

Du brauchst:

- Fotokarton in Weiß, A5
- Tonpapier in Gelb, A5
- Klopapierrolle
- dünner Filzstift in Schwarz
- Bunt- oder Filzstifte in Rosa, Hellblau und Gelb
- Wolle in Weiß, 4x je ca. 15 cm lang und 1x ca. 10 cm lang
- Wollreste in Weiß, Grün und Rosa
- Bindfaden, 2x je ca. 30 cm lang
- Lochzange oder dicke Nadel
- 2 Trinkhalme
- Korken
- Schaschlikstäbchen
- Bürohefter
- ggf. Cutter mit Schneideunterlage
- Schere
- Heißklebepistole
- UHU Alleskleber Kraft
- Vorlage Seite 87

1 Übertrage die Vorlage auf den Fotokarton und male den Kopf des Einhorns an: die Nüstern und die Innenohren in Rosa, das Horn abwechselnd in Rosa und Hellblau und den restlichen Kopf in Gelb.

2 Den Kopf ausschneiden und entlang der gestrichelten Linien falten. Die Fotokartonreste noch nicht entsorgen, sie werden in Schritt 8 benötigt.

3 Klebe die Enden der Nase zusammen und stich zwei Löcher an den markierten Stellen in die Rückseite des Kopfes.

4 Für die Hufe schneidest du von dem Korken vier leicht schräg abfallende Stücke ab.

5 Schneide aus dem gelben Tonpapier ein Rechteck zurecht, das einmal komplett die Klorolle bedeckt, und klebe es auf. Stich auf der Unterseite vier Löcher für die Beine und an der Oberseite drei Löcher für die Aufhängung, wie im Bild gezeigt.

6 Von den Trinkhalmen acht Stücke mit je 3,5 cm Länge abschneiden. Für ein Bein fädelst du eines der 15 cm langen Wollfäden mithilfe der Nadel durch ein Loch an der Unterseite der Klorolle, durch zwei Trinkhalmstücke und durch ein Korkenstück als Huf. Verknote das eine Wollende in der Klorolle und verklebe das andere mit dem Korkenstück. Wiederhole das für die restlichen Beine. Achte dabei darauf, dass alle vier Beine gleich lang sind.

Weiter geht's auf der nächsten Seite. --►

7 Von den Trinkhalmen zwei weitere Teile mit je 2 cm Länge abschneiden. Befestige den Kopf mithilfe des 10 cm langen Wollfadens am Körper, indem du den Faden durch die beiden Löcher im Kopf fädelst, die beiden Trinkhalmteile über beide Schnüre auffädelst und alles mit der Klorolle verbindest.

8 Aus den Resten des weißen Fotokartons schneidest du zwei Streifen zu je 4 cm x 0,5 cm zurecht und tackerst sie mit dem Bürohefter zu zwei Ringen zusammen. Nun für den Schweif und für die Mähne die bunten Wollreste an die Ringe binden.

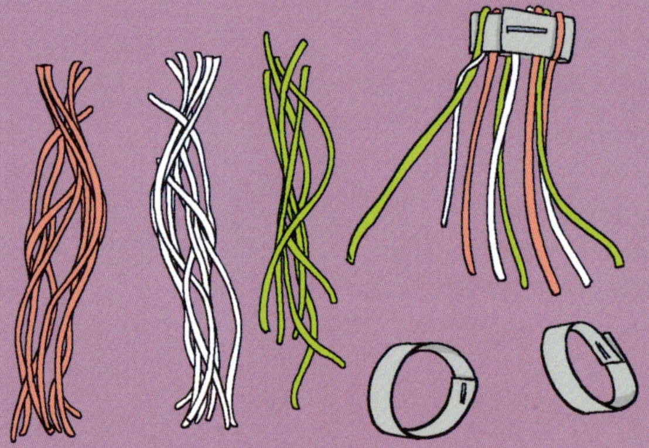

9 Kürze das Schaschlikstäbchen auf ca. 18 cm. Fädle einen Bindfaden durch die beiden Löcher im Kopf und verknote ihn. Das andere Ende des Fadens im vorderen Bereich des Schaschlikstäbchens festknoten. Den anderen Bindfaden durch das hintere Loch in der Klorolle fädeln, verknoten und das Fadenende am hinteren Bereich des Schaschlikstäbchens festknoten. Befestige die Mähne am Kopf und den Schweif hinten an der Klorolle. Wenn du magst, kannst du noch bunte Punkte auf den Körper malen.

Wiiieher!
TRAPP
TRAPP

SEIL DICH AB, BAHN!

●●● Schwierigkeit

SEILBAHN ZUM SPIELEN

Du brauchst:

- Mikrowellpappe in Weiß, A3
- alte Obstschale aus dem Supermarkt aus Pappe, ca. 10,5 cm x 17 cm x 8 cm
- Acrylfarbe in Rot, Schwarz und Hellgrau
- dünner Filzstift in Schwarz
- Schaschlikstäbchen
- Schnur, 2x 50 cm lang
- Falzbein
- Lineal
- Lochzange
- Schere
- ggf. Cutter mit Schneideunterlage
- Heißklebepistole
- UHU Alleskleber Kraft
- Vorlagen Seite 92 und 101

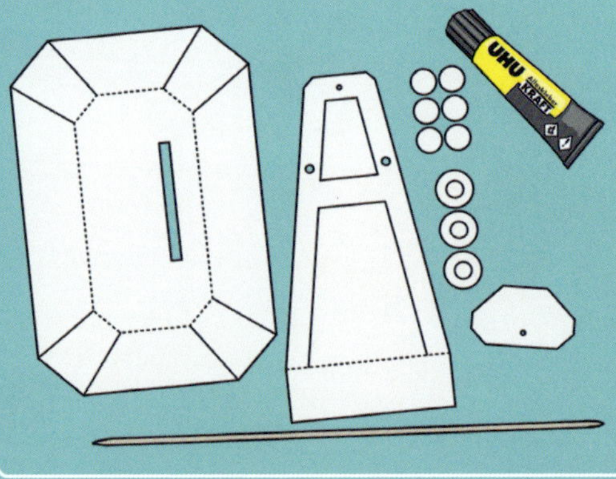

1 Übertrage die Vorlagen auf die Mikrowellpappe und schneide die Teile aus. Gestrichelte Linien mit Falzbein und Lineal nachziehen.

2 Male den Stellfuß mit Acrylfarbe an und knicke ihn nach dem Trocknen der Farbe um 90 Grad.

3 Den Fuß wie auf dem Bild in die Obstschale kleben.

4 Knicke die Seitenteile des Daches nach unten, schiebe das Dach über den Stellfuß und verklebe das Ganze. Überstehende Teile nach dem Trocknen abschneiden.

5 Klebe zuerst die Rollen, wie im Bild gezeigt, zusammen und anschließend auf die Grundplatte. Das Schaschlikstäbchen auf 3 cm kürzen und das Stück im Stellfuß verkleben. Wenn alles getrocknet ist, kannst du die Grundplatte mit den Rollen aufstecken.

6 Bemale nun deine Seilbahn mit Acrylfarbe. Lass die Farbe gut trocknen, bevor du die beiden Schnüre, wie im Schema gezeigt, einfädelst und die Bahn fahren lässt.

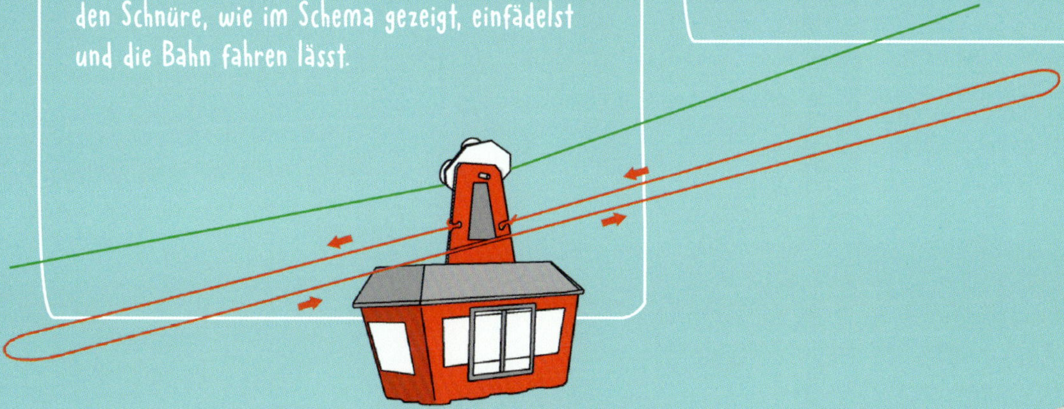

GREIF, HAND!

Schwierigkeit

MONSTERHAND MIT SEILZUG

Du brauchst:

- Tonpapier in Hellgrün, A4
- Bunt- oder Filzstifte in Gelb, Grün und Khaki
- dünner Filzstift in Schwarz
- 4 Trinkhalme
- festes Garn, 5x 40 cm
- Stopfnadel
- Schere
- Heißklebepistole
- Vorlagen Seite 102–103

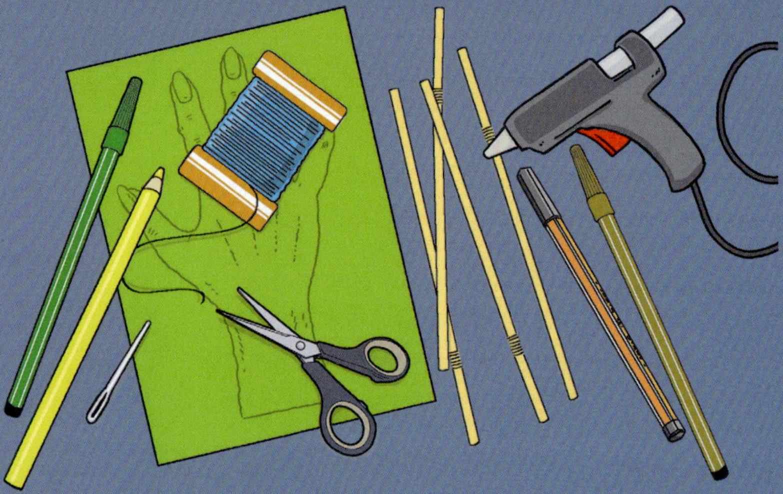

1 Übertrage mithilfe der Vorlage die Innenseite der Hand auf das Tonpapier, schneide sie aus und setze mit den Farbstiften Akzente. Übertrage nun die Rückseite der Hand auf die andere Seite und setze auch hier Akzente.

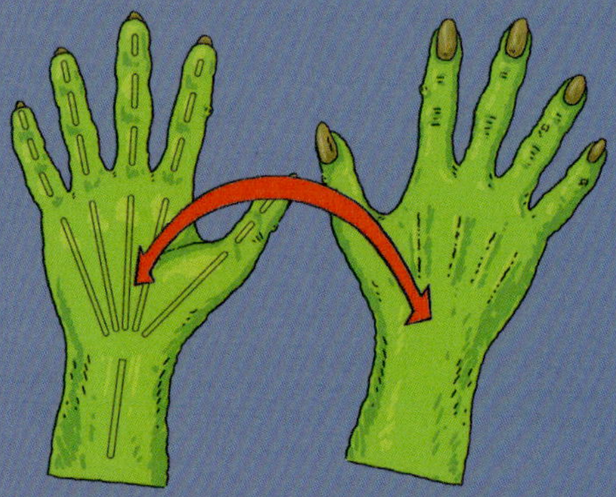

2 Schneide die Trinkhalme in 20 Teile und klebe sie passgenau mit der Heißklebepistole auf die Innenseite der Hand. Orientiere dich für die Größe der Stücke und die genaue Position an der Vorlage.

3 Nimm eines der fünf Garnstücke, knote das eine Ende am obersten Trinkhalm des kleinen Fingers fest und fädle es mithilfe der Stopfnadel durch alle Trinkhalmstücke des kleinen Fingers und des Handgelenks. Wiederhole das für alle Finger.

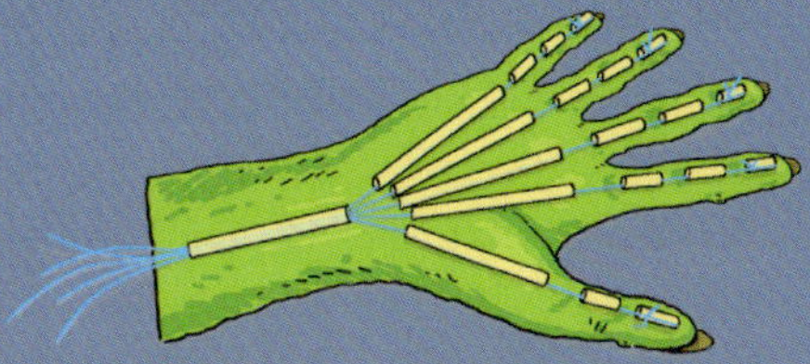

4 Halte die Hand fest und ziehe an den Fäden. Was geschieht? Die Finger bewegen sich wie bei einer echten Hand.

TIPP

Richtig schaurig-schön wird deine Hand, wenn du kleine Schuppen aufzeichnest.

WINK
WINK

ZUM SCHIEBEN

RAUPE, KRIECH!

Schwierigkeit

RAUPE AUF DEM BLATT

Du brauchst:

- Papiertaschentuch
- Kopierpapier in Weiß, A5
- Tonpapier in Grün, A5
- dünner Filzstift in Schwarz
- Filzstifte in Orange und Grün
- Trinkhalm in Grün
- Schaschlikstäbchen
- Falzbein
- Schere
- Heißklebepistole
- UHU Alleskleber
- Vorlage Seite 96

1 Schneide von dem Papiertaschentuch ein Viertel ab. Vom übrigen Teil brauchst du nur eine Lage.

2 Mit der obersten Lage des Taschentuchs umwickelst du den Trinkhalm und verklebst sie zu einer Röhre. Lass alles gut trocknen.

3 Das Ganze nun wie auf dem Bild zusammenschieben und anschließend vorsichtig vom Trinkhalm herunterziehen. Das ist dein Raupenkörper.

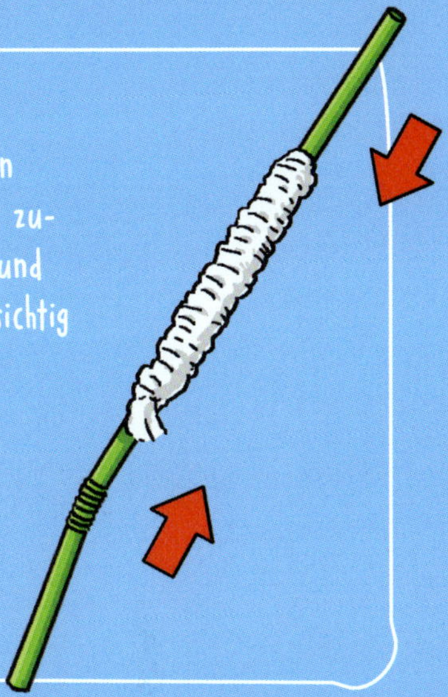

4 Übertrage die Vorlage des Blattes mit den Blattadern auf das Kopierpapier, lege dieses auf das Tonpapier und schneide das Blatt aus, sodass du anschließend einmal das Blatt aus dem Kopierpapier und einmal aus dem grünen Tonpapier erhältst.

5 Übertrage nun mithilfe der Vorlage und dem Falzbein die Adern des Blattes. Fahre dazu mit dem Falzbein die Linien kräftig nach.

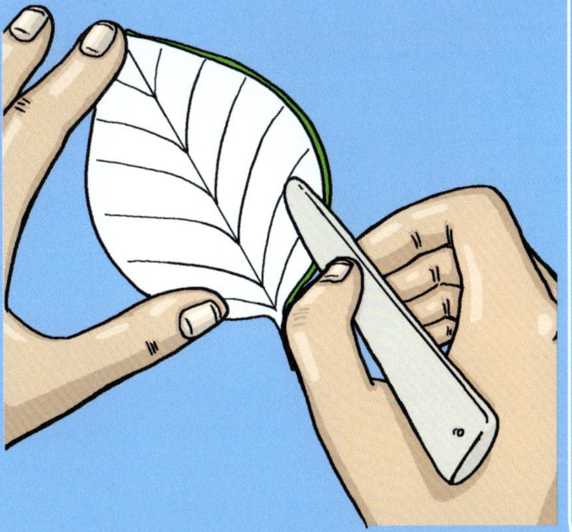

Weiter geht's auf der nächsten Seite. --▸

6 Schneide ein ca. 6 cm langes Stück vom Trinkhalm ab und klebe es mit der Heißklebepistole an das Ende des Blattstiels.

7 Schiebe das Schaschlikstäbchen durch den Trinkhalm.

8 Klebe die Raupe mit der Heißklebepistole fest: Das Vorderteil befestigst du auf dem Schaschlikstäbchen, das Hinterteil auf dem Trinkhalm. Alles gut trocknen lassen und anschließend bemalen. Wenn du jetzt das Schaschlikstäbchen bewegst, sieht es aus, als wäre die Raupe lebendig.

TIPP

Ruckzuck kreierst du mit ein paar bunten Wollfäden eine ganz neue Raupe. Fäden als Haar aufkleben, fertig!

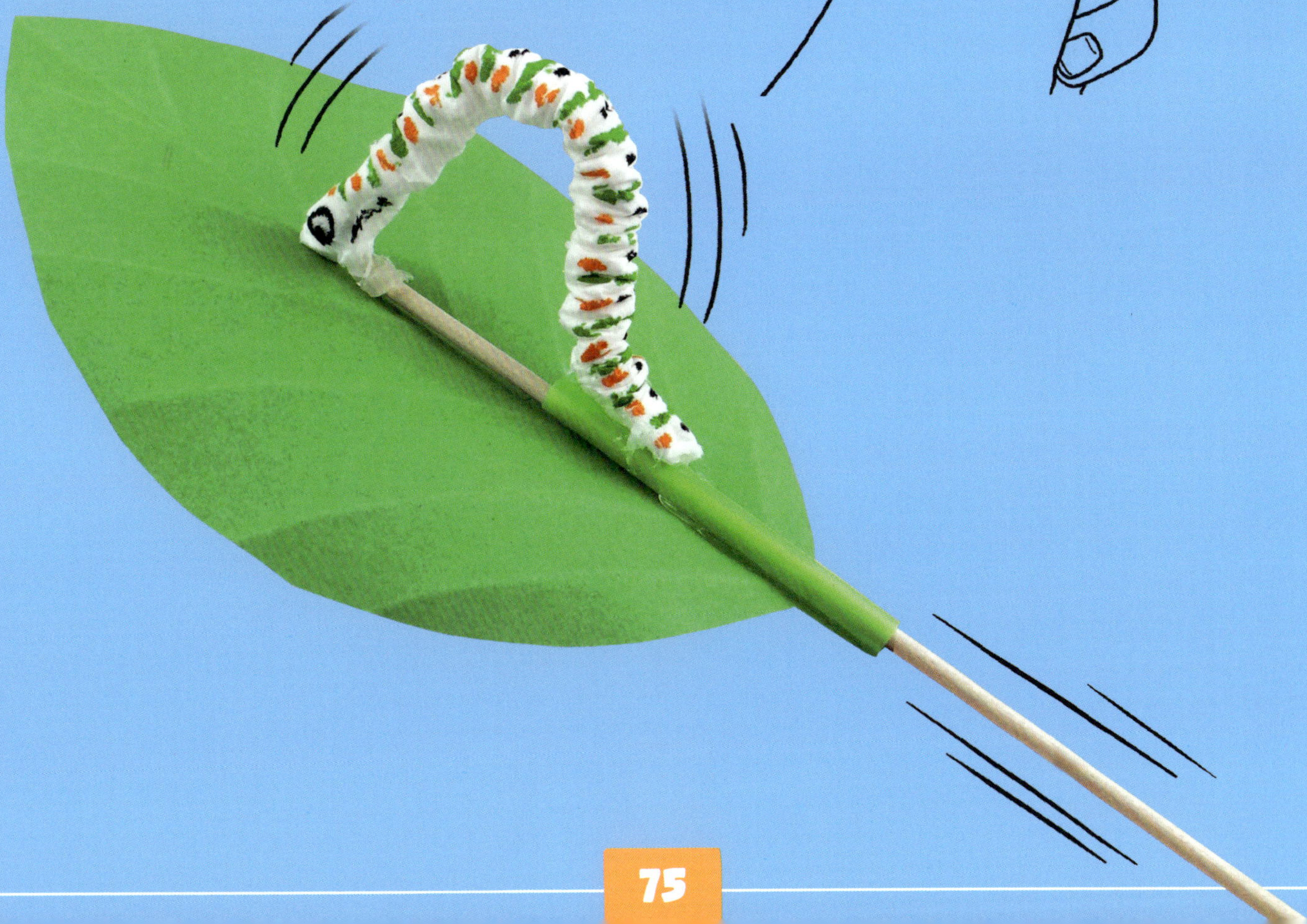

KATZE, TANZ!

Schwierigkeit

TANZENDE KATZE IM BECHER

Du brauchst:

- Tonpapier in Weiß, A5
- Pappbecher in Gelb, ø ca. 10 cm
- dünner Filzstift in Schwarz
- Bunt- oder Filzstifte in Rosa, Grau und Gelb
- 3 Trinkhalme
- Klebefilm, transparent
- dicke Nadel oder spitze Schere
- Schere
- Vorlagen Seite 93

1 Übertrage die Vorlagen auf das Tonpapier, schneide die Teile aus und male sie an: Die Konturen und die Gesichtszüge malst du mit dem schwarzen Filzstift auf, die Innenohren, Nasenspitze, Pfotenballen und Blütenblätter werden rosa, die Schwanzspitze grau und die Mitte der Blüten gelb.

2 In den Becher von unten mittig ein Loch stechen. Das Loch sollte so groß sein, dass ein Trinkhalm hindurch passt.

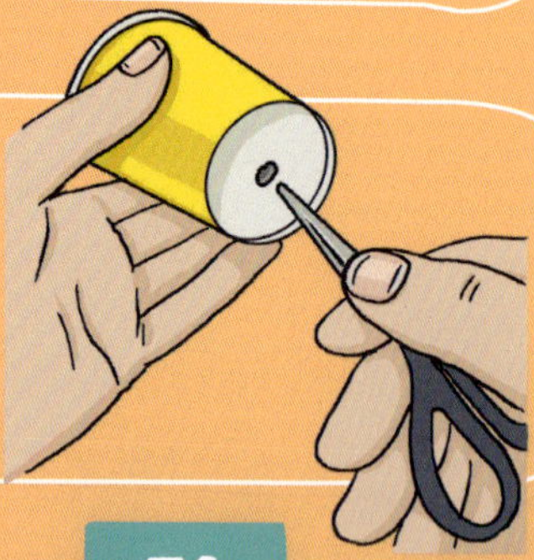

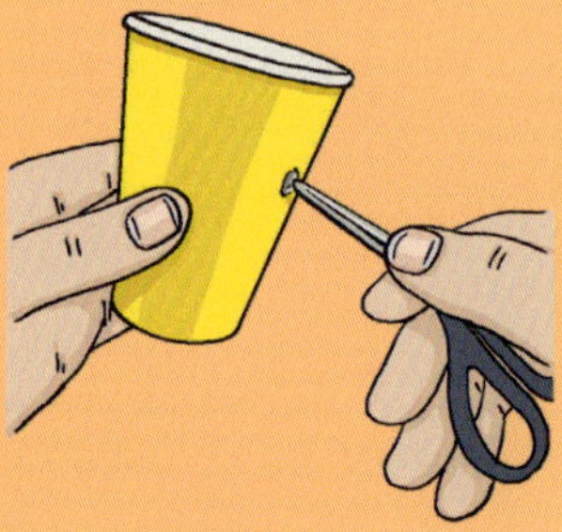

3 An zwei gegenüberliegenden Seiten des Bechers stichst du je ein Loch, auch diese jeweils groß genug für einen Trinkhalm. Die Löcher sollten sich etwa auf der Bechermitte befinden.

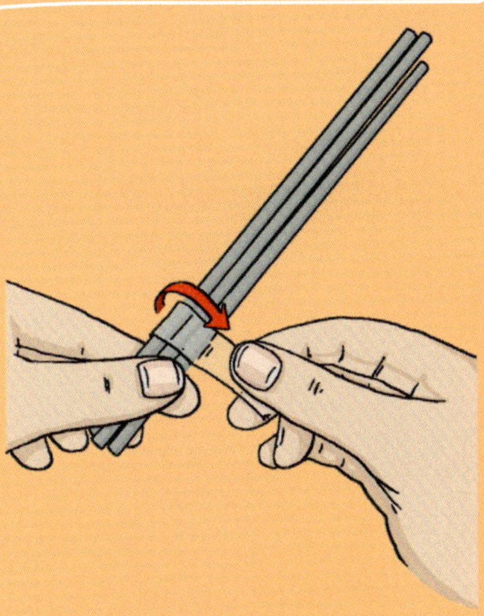

4 Mit dem transparenten Klebefilm die drei Trinkhalme fest miteinander verkleben.

5 Stecke die Trinkhalme in den Becher, wie auf dem Bild gezeigt, das heißt, mit den losen Enden voran. Schiebe je einen Trinkhalm als Arm durch das seitliche Loch und den mittleren Trinkhalm durch das Loch im Becherboden. Klebe den Kopf der Katze an die drei Trinkhalmenden, die zusammengeklebt sind. Kürze die Arme so, dass aus dem Becher an jeder Seite jeweils noch etwa 6 cm herausschauen.

6 Klebe nun die Pfoten an die Arme und befestige den Schwanz an der Rückseite des Bechers.

7 Auf die Vorderseite des Bechers klebst du die Blümchen als Deko. Fertig ist die lustige Katze!

FLIEG, FALKE, FLIEG!

Schwierigkeit

FALKE IM FLATTER-MODUS

Du brauchst:

- Tonpapier in Weiß, A4
- Trinkhalm
- Schaschlikstäbchen
- dünner Filzstift in Schwarz
- Bunt- oder Filzstifte in Braun, Beige und Orange
- Schere
- ggf. Cutter mit Schneideunterlage
- Klebefilm, transparent
- Heißklebepistole
- UHU Alleskleber Kraft
- Vorlagen Seite 91

1 Übertrage die Vorlagen auf das Tonpapier und schneide die Teile aus. Nimm die Vorlagen zu Hilfe und übertrage die Gesichtszüge und das Gefieder auf beide Seiten der Papierteile. Male den Falken in Braun an, setze Akzente in Beige, die Augen werden orange und die Konturen schwarz.

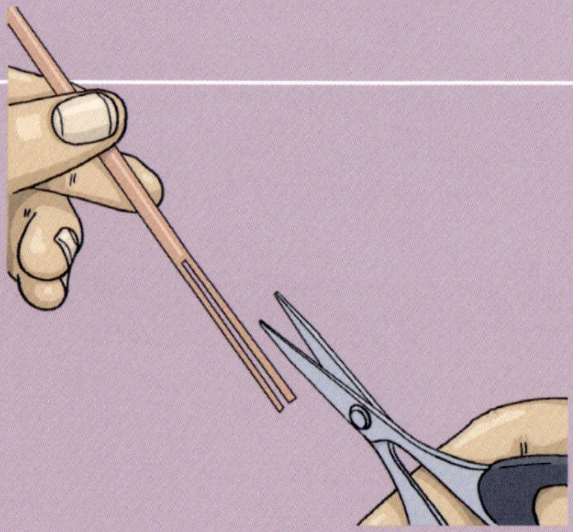

2 Den Trinkhalm auf 12 cm kürzen und eines der beiden Enden etwa bis zur Mitte des Trinkhalms einschneiden, das sind nun zwei Klebelaschen.

3 Klebe den Körper des Falken zwischen die Flügel.

4 Nun mit der Heißklebepistole das Schaschlikstäbchen mittig an die Seite des Falken kleben. Stecke die Schwanzfedern hinten an den Körper und klebe sie, wenn nötig, fest.

5 Jetzt den Trinkhalm mit dem eingeschnittenen Ende voran über das Schaschlikstäbchen schieben. Die beiden geschlitzten Teile klebst du rechts und links mit Klebefilm an den Flügeln fest.

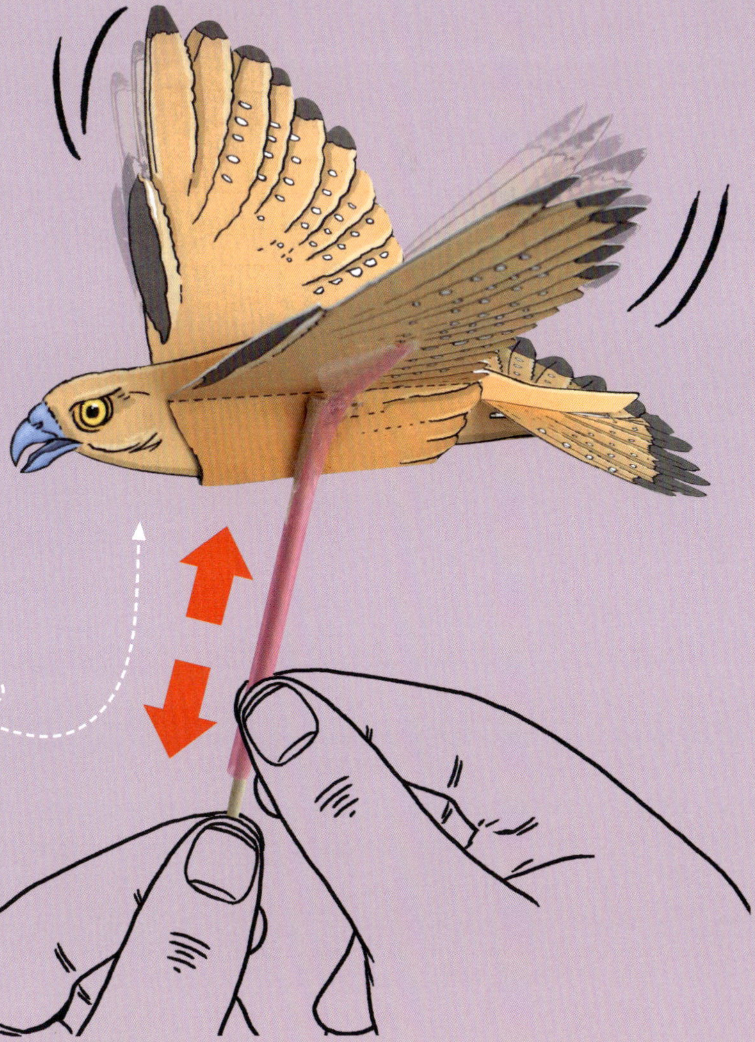

6 Das Schaschlikstäbchen festhalten und den Trinkhalm hoch- und herunterschieben. Schon flattert dein Falke.

AUF GEHT'S, RAUPE!

Schwierigkeit

RAUPE MIT SPIELSTÄBCHEN

Du brauchst:

- Tonpapier in Grün, A4
- Tonpapierrest in Gelb
- Klopapierrolle
- 2 Wackelaugen, ø 12 mm
- 2 Schaschlikstäbchen
- dünner Filzstift in Schwarz
- Bunt- oder Filzstift in Rosa
- Falzbein
- Lineal
- Lochzange
- Cutter mit Schneideunterlage
- Schere
- UHU Alleskleber Kraft
- Heißklebepistole
- Vorlagen Seite 96-97

1 Übertrage mithilfe der Vorlagen den Körper und den Keil auf das grüne Tonpapier und schneide die Teile aus. Die gestrichelten Linien mit dem Falzbein und dem Lineal nachziehen.

2 Schlage den Körper um und verklebe ihn zu einer Art Tunnel. An den beiden Enden mit der Lochzange je zwei Löcher für die beiden Schaschlikstäbchen durch das Papier knipsen.

3 Falte den Keil entsprechend der Abbildung und klebe ihn von vorn auf dem Boden des Tunnels fest.

4 Schiebe die beiden Schaschlikstäbchen durch die Löcher und lass sie an der einen Seite ca. 1 cm herausragen. Klebe die Spieße fest.

5 Ein 3,5 cm langes Stück von der Klopapierrolle abschneiden und mit dem restlichen grünen Tonpapier bekleben. Klebe die Wackelaugen auf. Vorsichtig einen Mund mit dem Cutter einschneiden und nach außen falten. Male die Klappe als Zunge rosa an. Aus dem gelben Tonpapier schneidest du mithilfe der Vorlagen die Augenbrauen aus und klebst sie über die Augen. Wenn du möchtest, kannst du zusätzlich kleine Punkte ausschneiden und damit deine Raupe verzieren.

6 Nun den Kopf auf den Keil kleben, alles gut trocknen lassen und schon kannst du die Raupe mithilfe der Schaschlikstäbchen zum leben erwecken.

SCHAU MAL, EULE!

Schwierigkeit

BLINZELNDE EULE MIT FLÜGELSCHLAG

Du brauchst:

- Fotokarton in Weiß, 2x A4
- dünner Filzstift in Schwarz
- Bunt- oder Filzstifte in Beige, Orange, Braun und Gelb
- 2 Musterbeutelklammern
- feste Schnur, ca. 15 cm lang
- Lochzange oder spitze Schere
- Falzbein
- Lineal
- Schere
- ggf. Cutter mit Schneideunterlage
- UHU Alleskleber Kraft
- Vorlagen Seite 94-95

1 Übertrage die Vorlagen auf den Fotokarton und schneide die Teile aus. Vorder- und Rückteil der Eule müssen an einem Stück bleiben. Übertrage auch die Federzeichnungen und male die Teile an: Bauch, Augenbereich und Muster auf den Flügeln werden beige, das Kopfteil oben wird orange, der restliche Eulenkörper braun, Schnabel und Füße werden gelb. Mit dem Falzbein an der gestrichelten Linie entlangfahren. Die Löcher mit der Lochzange einknipsen.

2 Lege die Flügel von hinten an den Eulenkörper, sodass die Löcher direkt übereinanderliegen. Verbinde die Teile mit den Musterbeutelklammern.

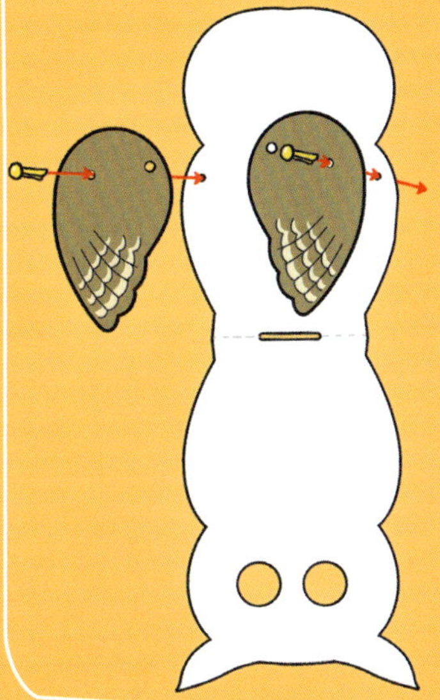

3 Die Flügel mit der Schnur verbinden. Sie müssen locker nach unten hängen, obwohl die Schnur leicht gespannt ist.

4 Den Schieber durch den Spalt im Körper stecken und mit einem weiteren Stück Schnur mit der Schnur der Flügel verknoten.

5 Klappe nun den unteren Teil, also das Rückteil der Eule, nach oben. Teste deine Eule: Wenn du den Schieber hoch- und runter bewegst, sollte die Eule die Augen öffnen und schließen und gleichzeitig mit den Flügeln schlagen.

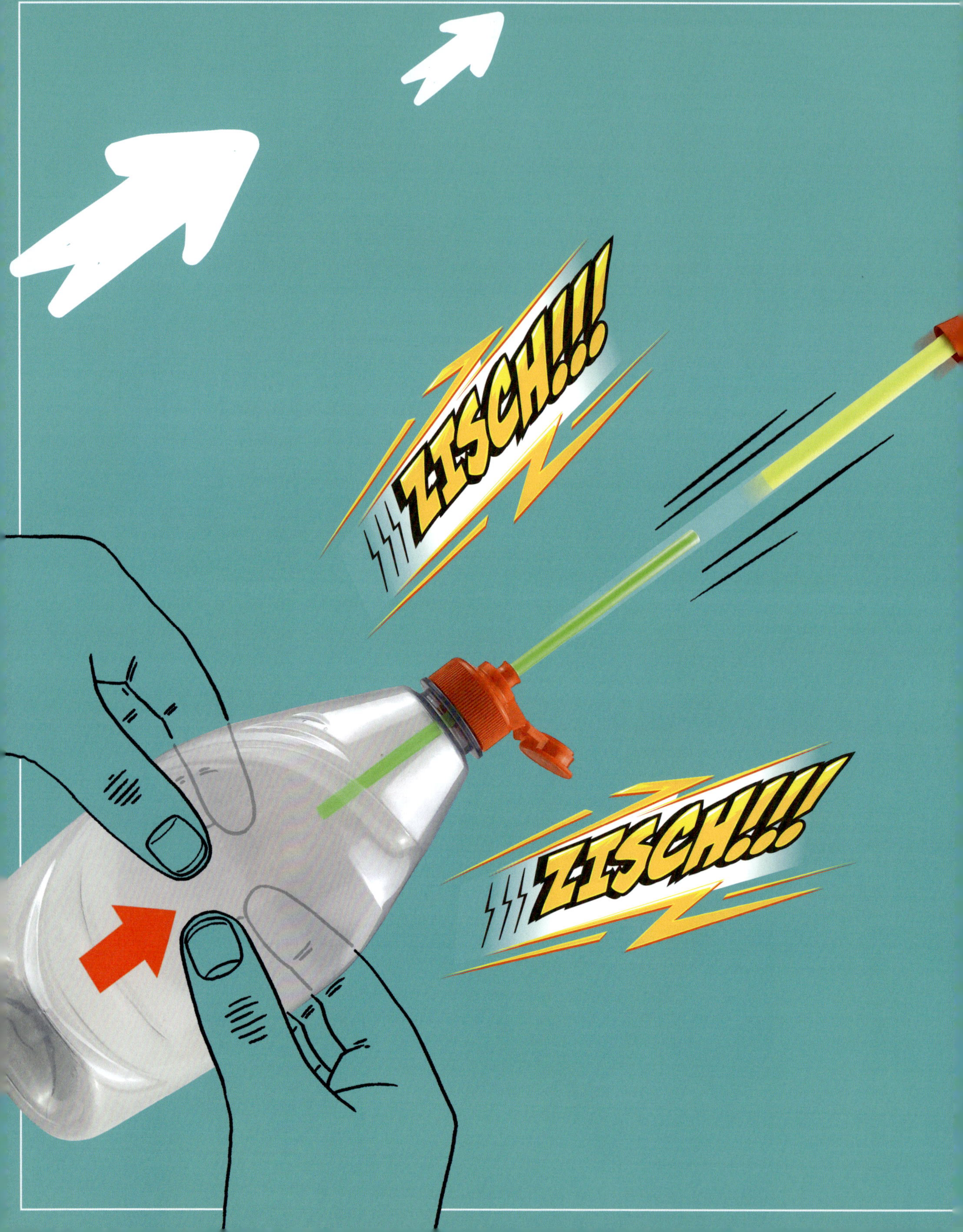
ZISCH!!!
ZISCH!!!

VORLAGEN

Kletteraffe
Vorderseite
Seite 58-59

Kletteraffe
Rückseite
Seite 58-59

Einhorn-Marionette
Seite 62-65

Kaninchen
Seite 48-49

Hund
Seite 42-44

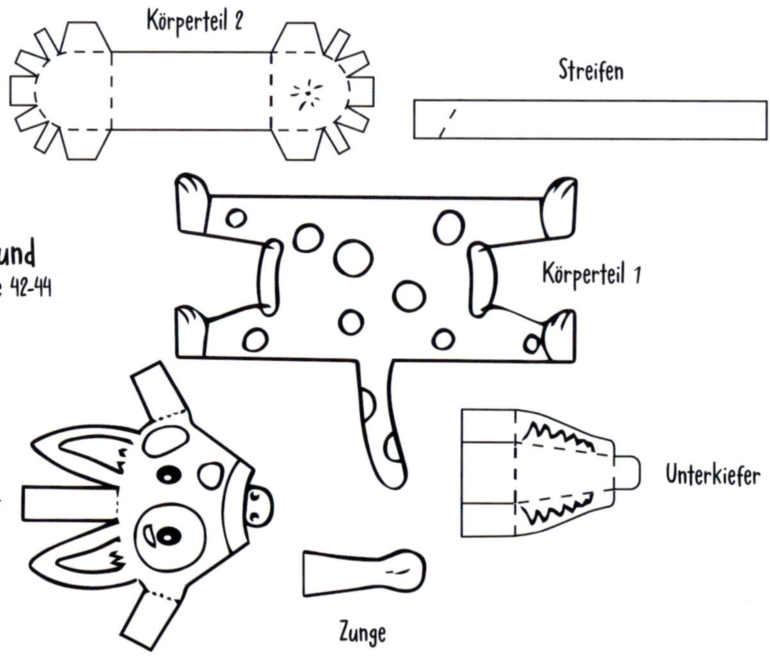

Vorderseite

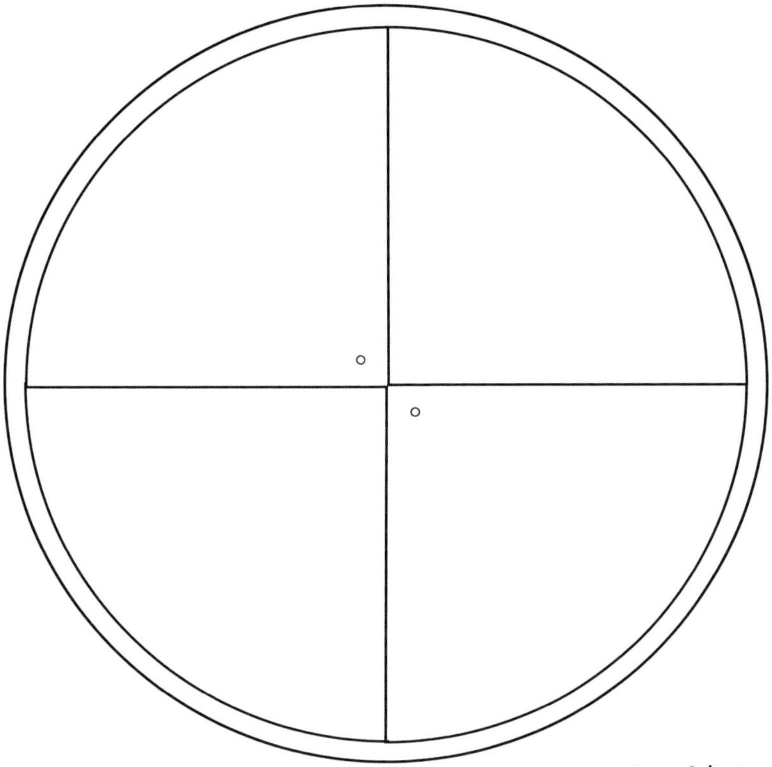

Irre Scheibe

Seite 60-61

Rückseite

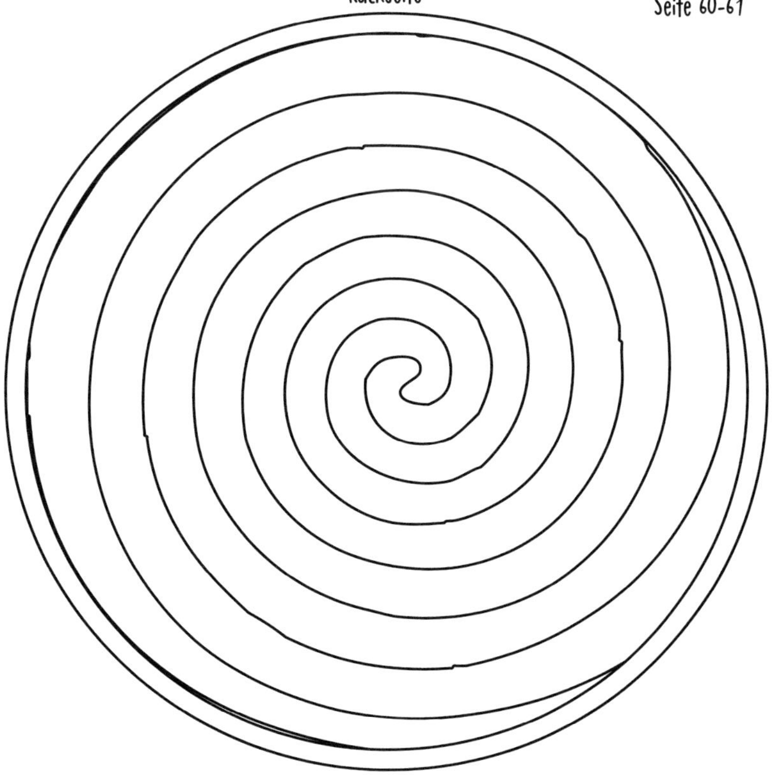

Frosch
Körper
Seite 22-23

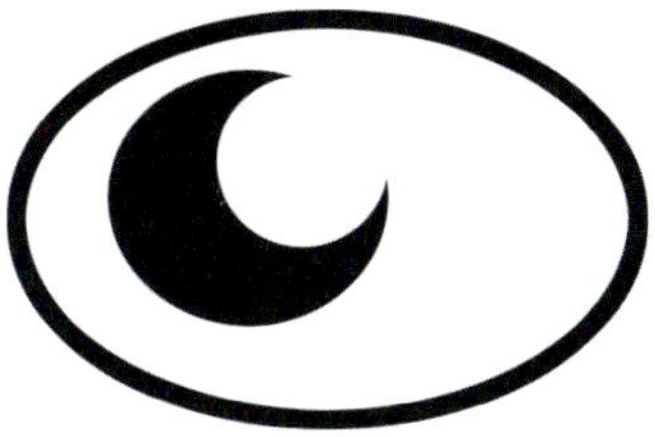

Frosch
Augen
Seite 22-23

Vorderseite

Rückseite

Seepferdchen
Seite 52-55

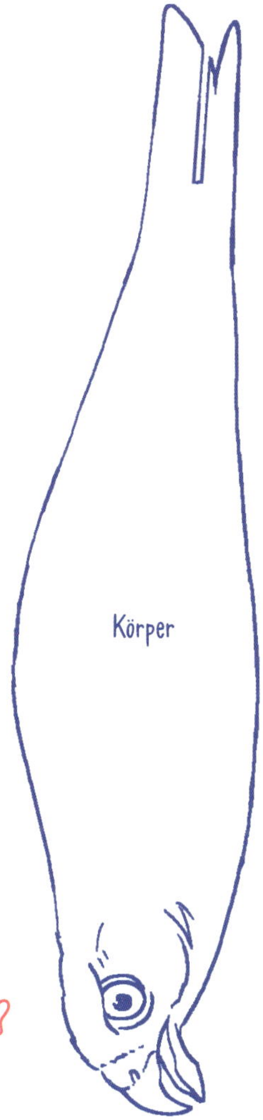

Falke
Seite 78-79

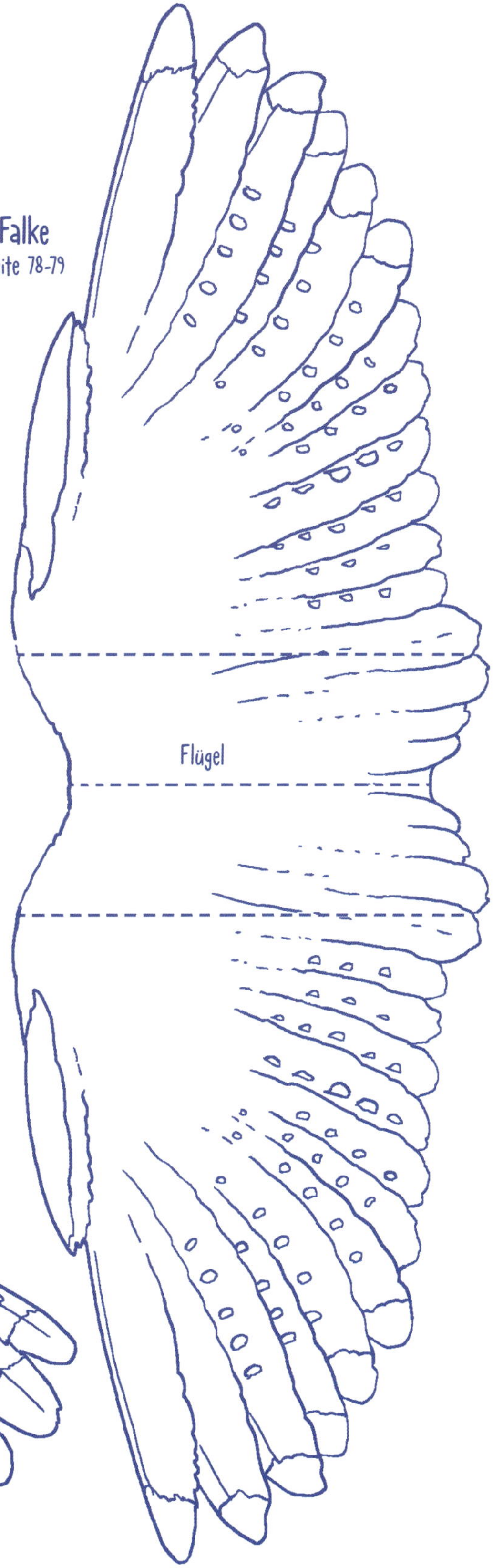

Schwanzfedern

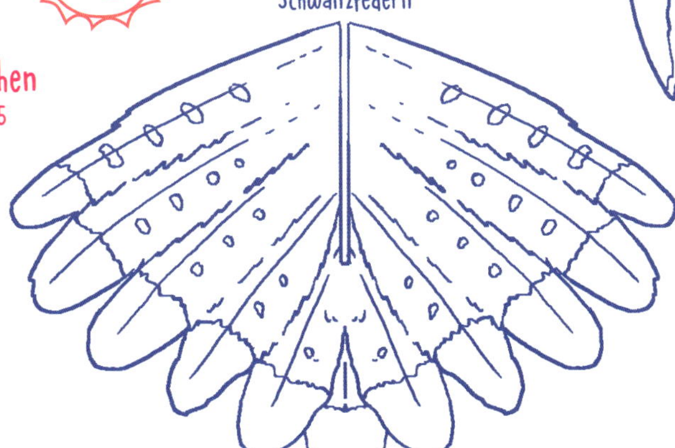

Seilbahn

Seite 66-67

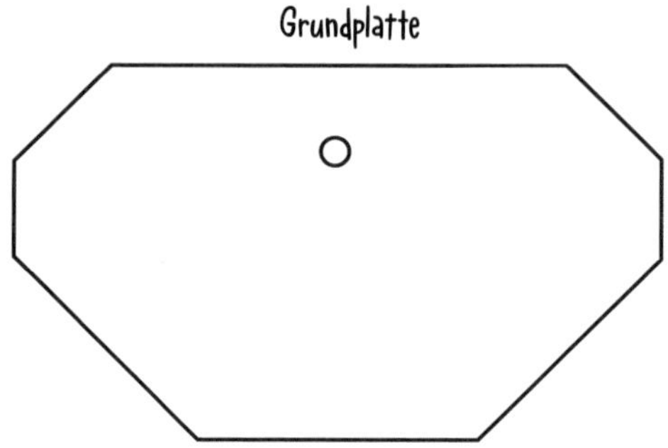

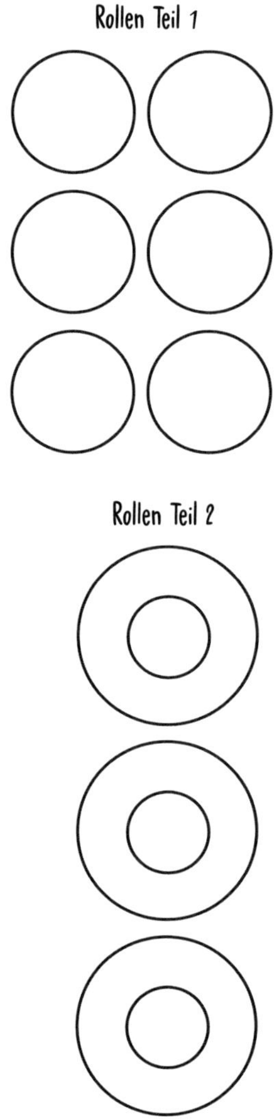

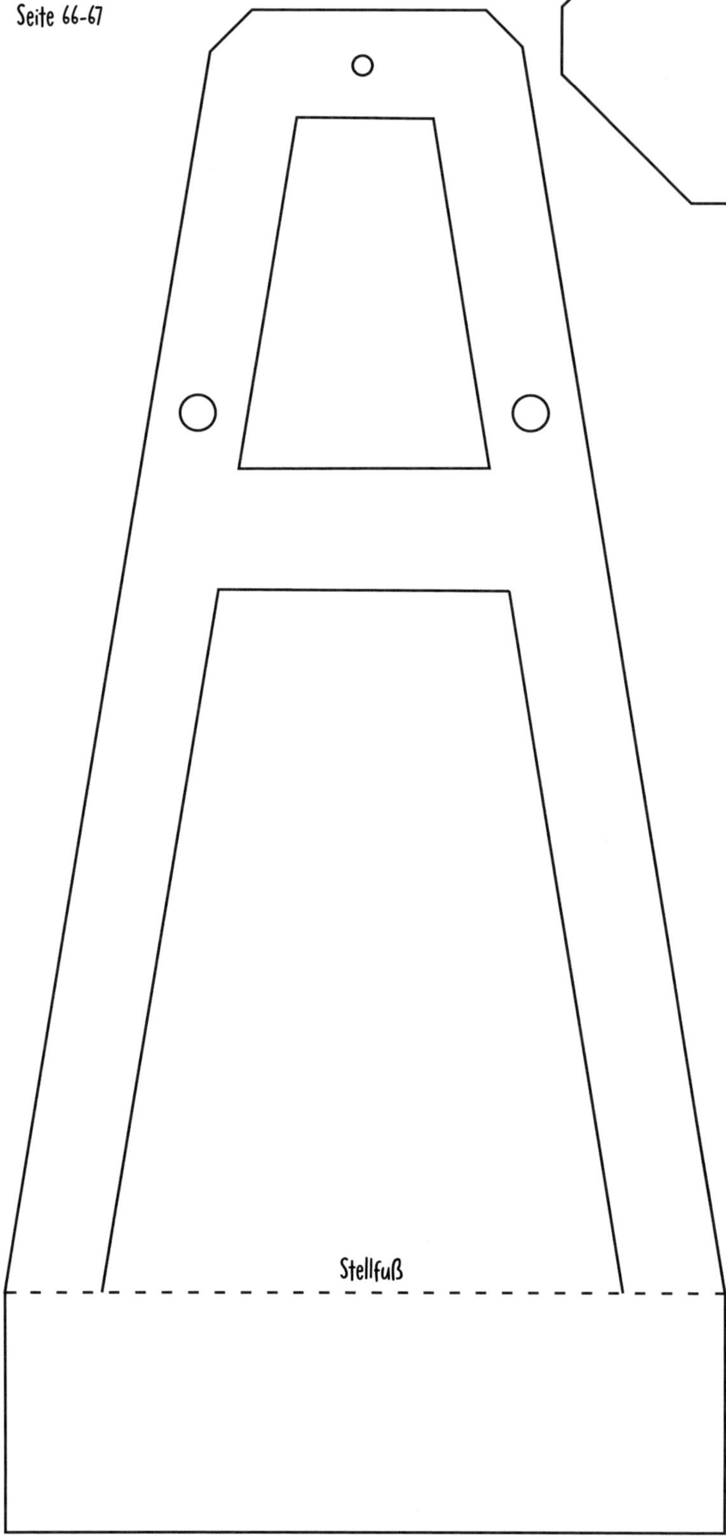

Katze
Seite 76-77

Rennwagen
Seite 36-39

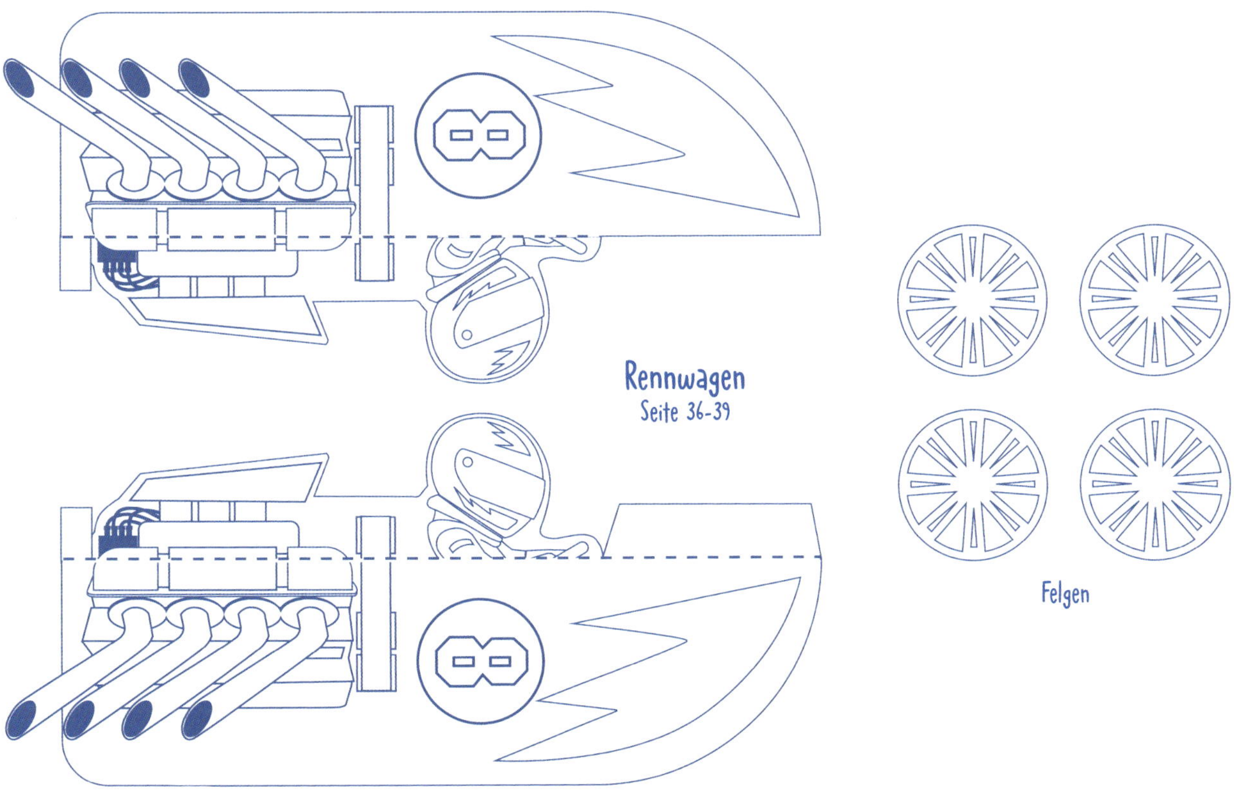

Eule
Seite 82-83

Schieber

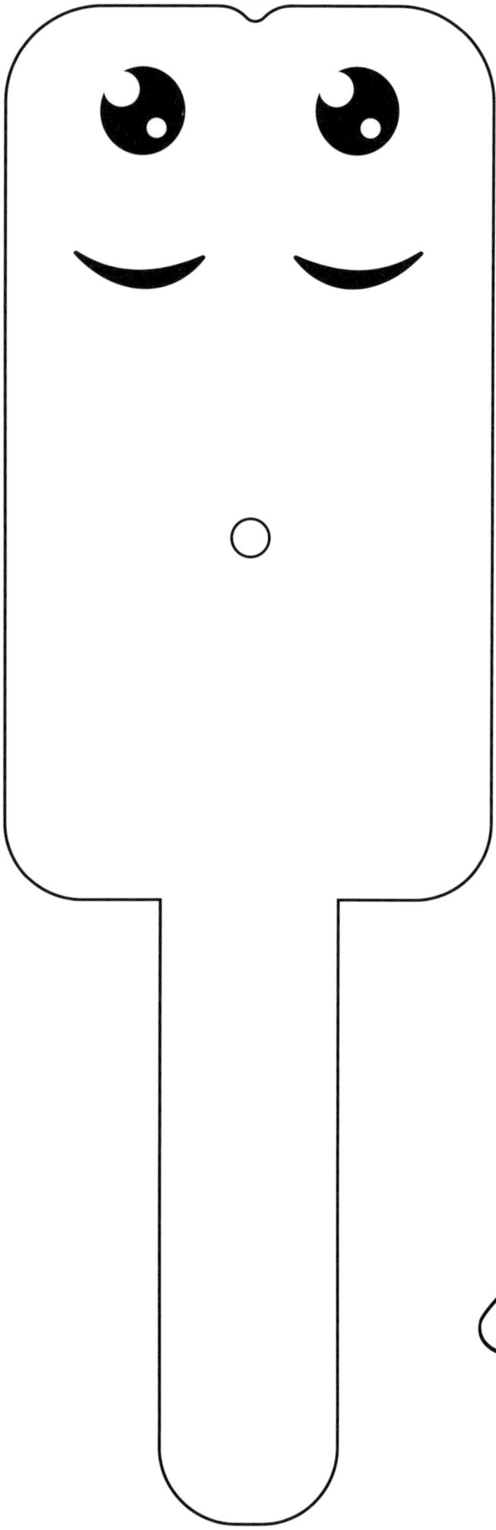

Anschluss

Flügel rechts

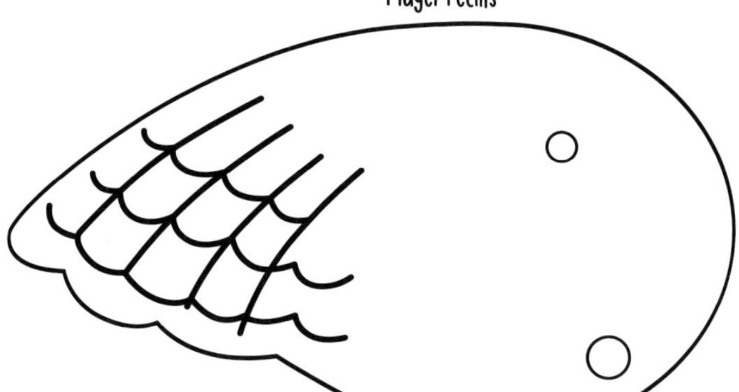

Eule

Seite 82-83

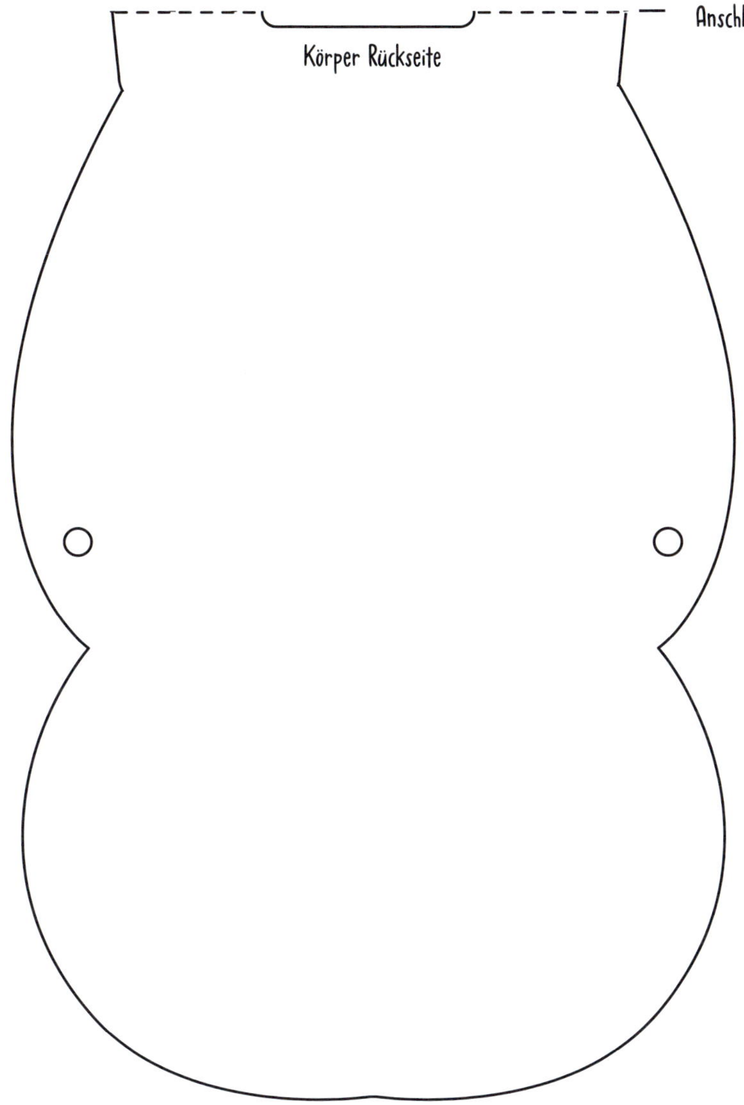

Flügel links

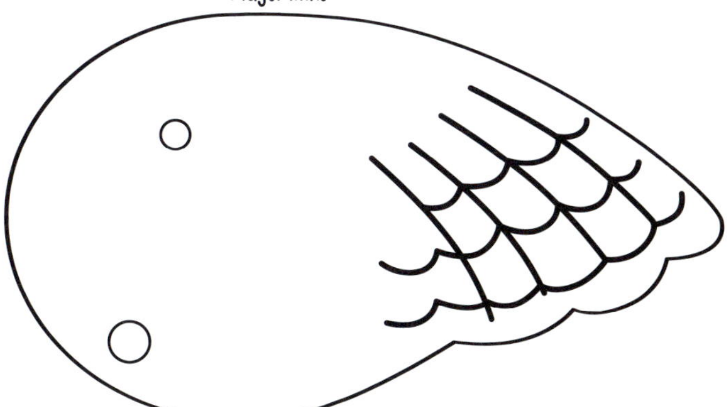

Rakete mit Puste-Turbo

Seite 20-21

Papierbogen

Raupe auf dem Blatt
Seite 72-75

Keil

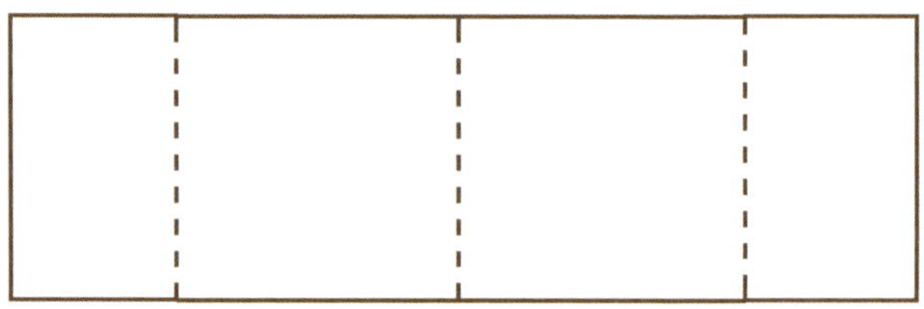

Augenbrauen

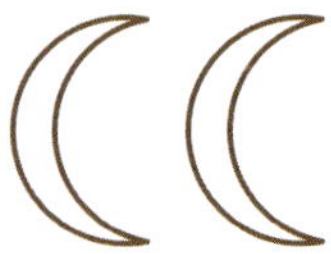

Raupe mit Spielstäbchen
Seite 80-81

Raupe mit Spielstäbchen

Körper, Seite 80-81

Turner

Seite 33-35

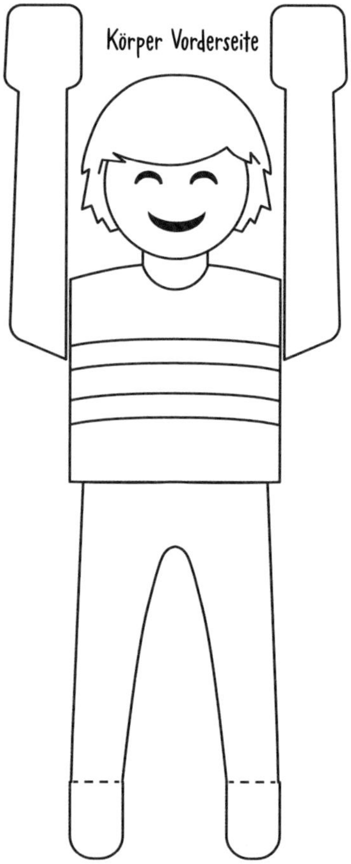

Strebe A

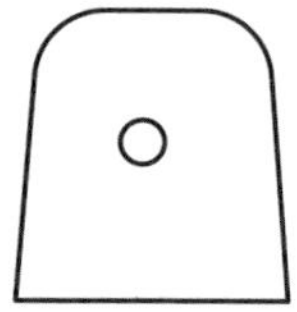

Anschluss

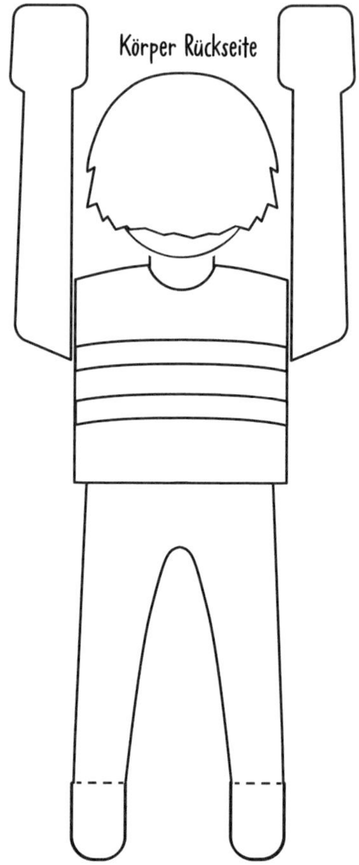

Schmetterling
Seite 50-51

Turner
Seite 33-35

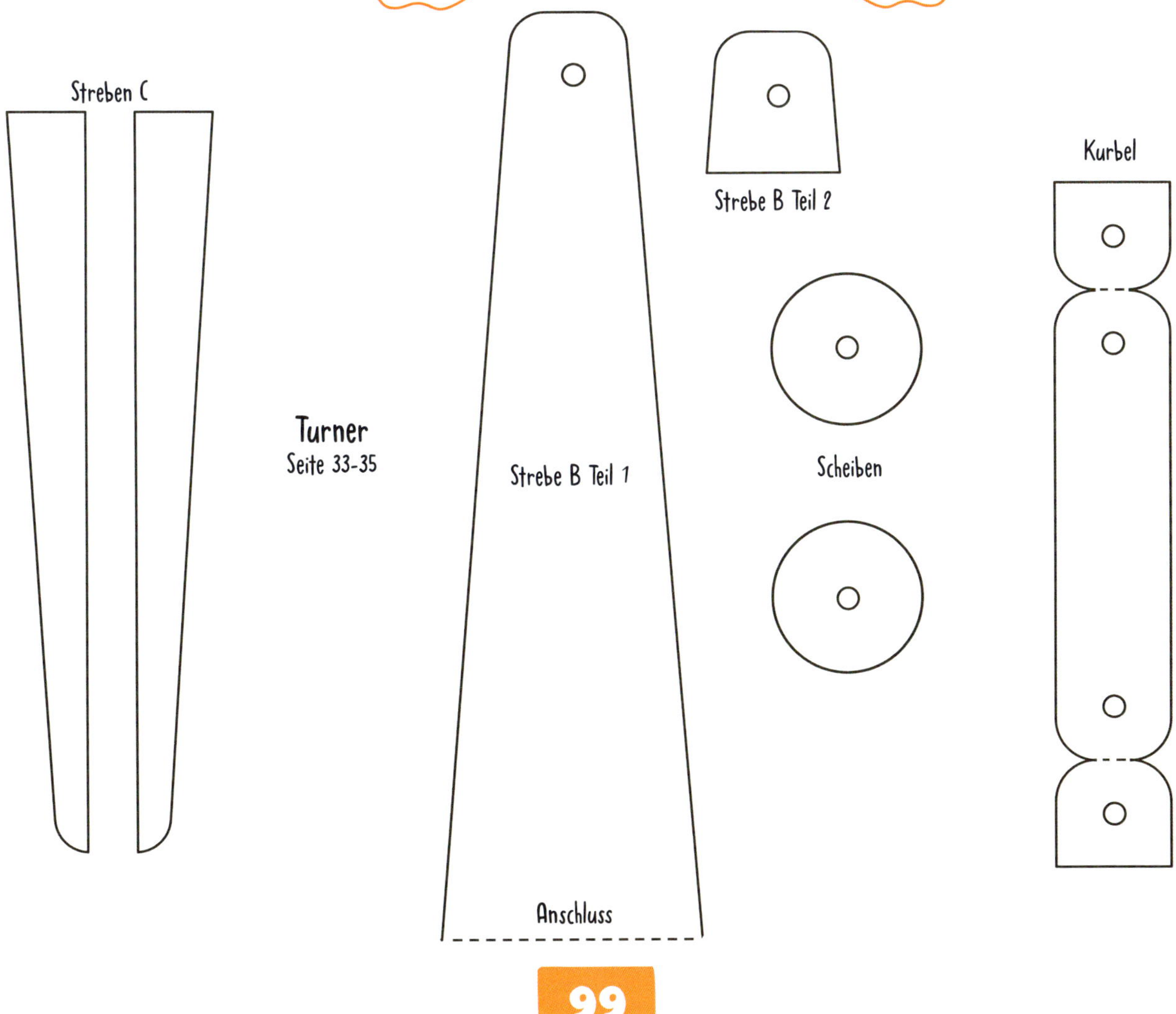

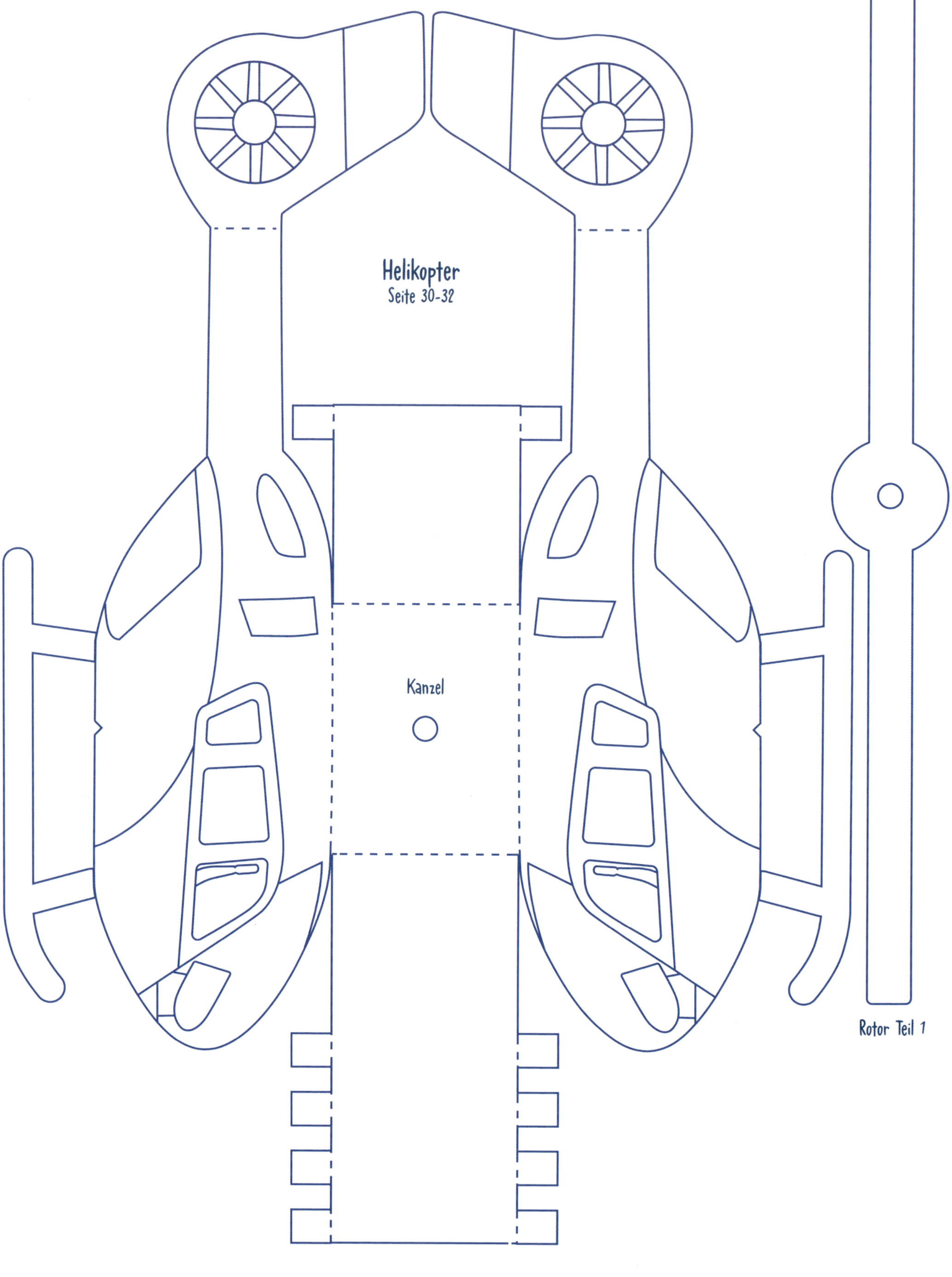
Helikopter
Seite 30-32
Kanzel
Rotor Teil 1

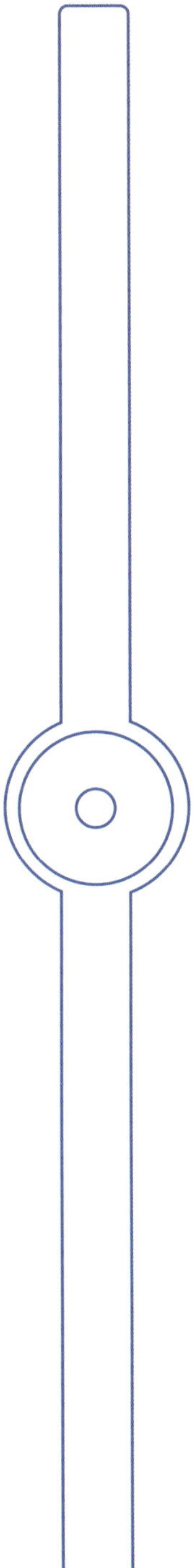

Rotor Teil 2

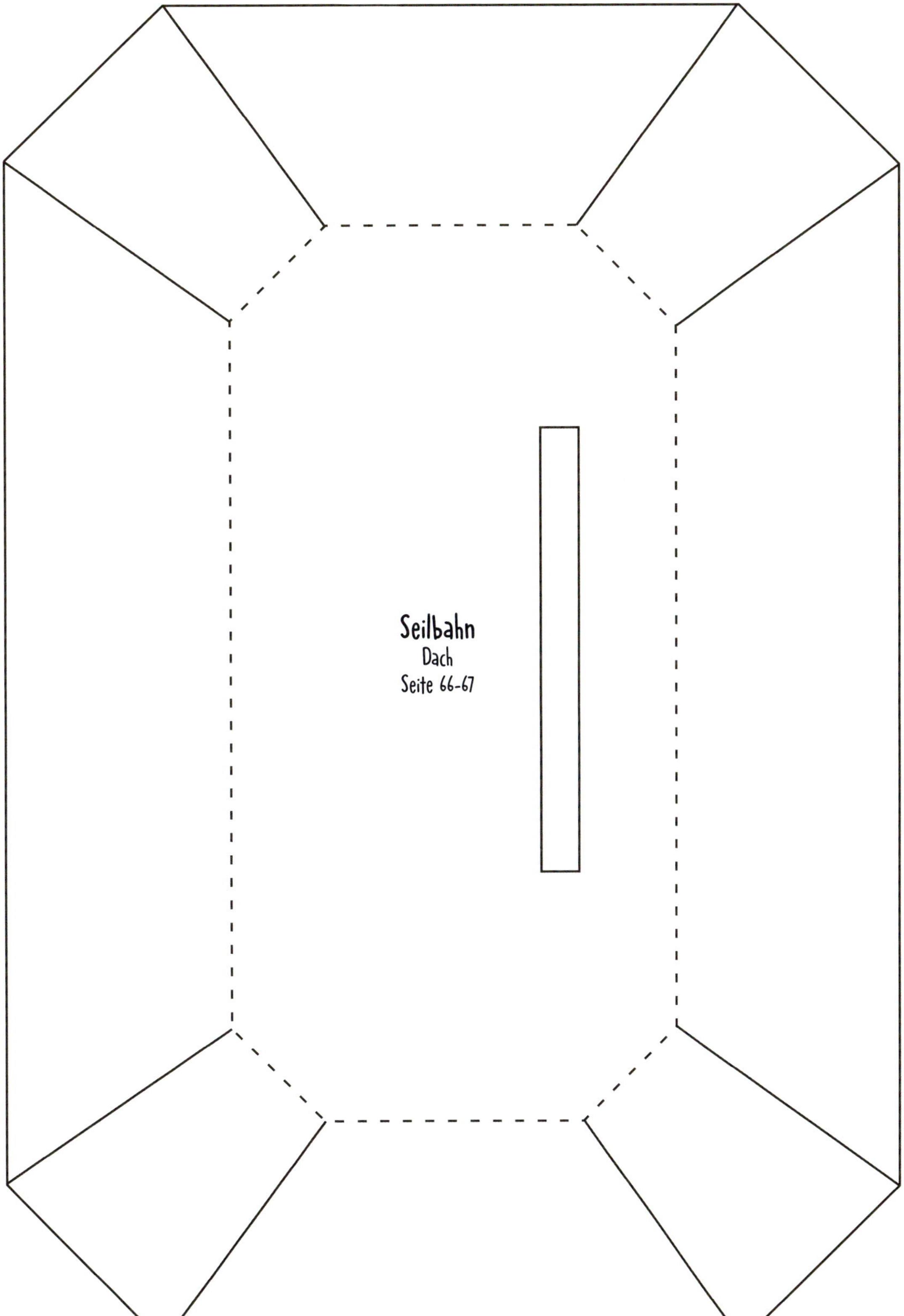

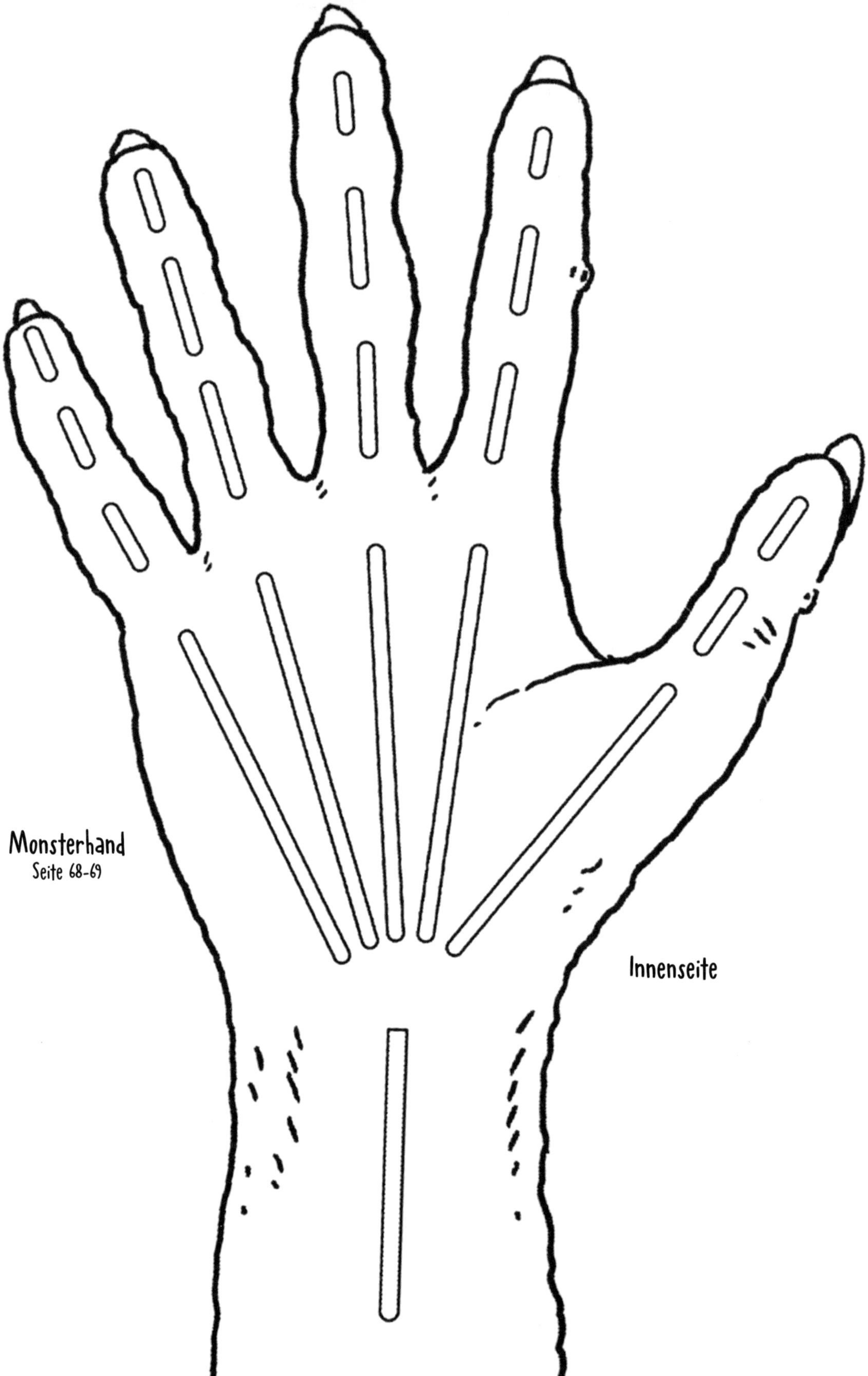
Monsterhand
Seite 68-69
Innenseite

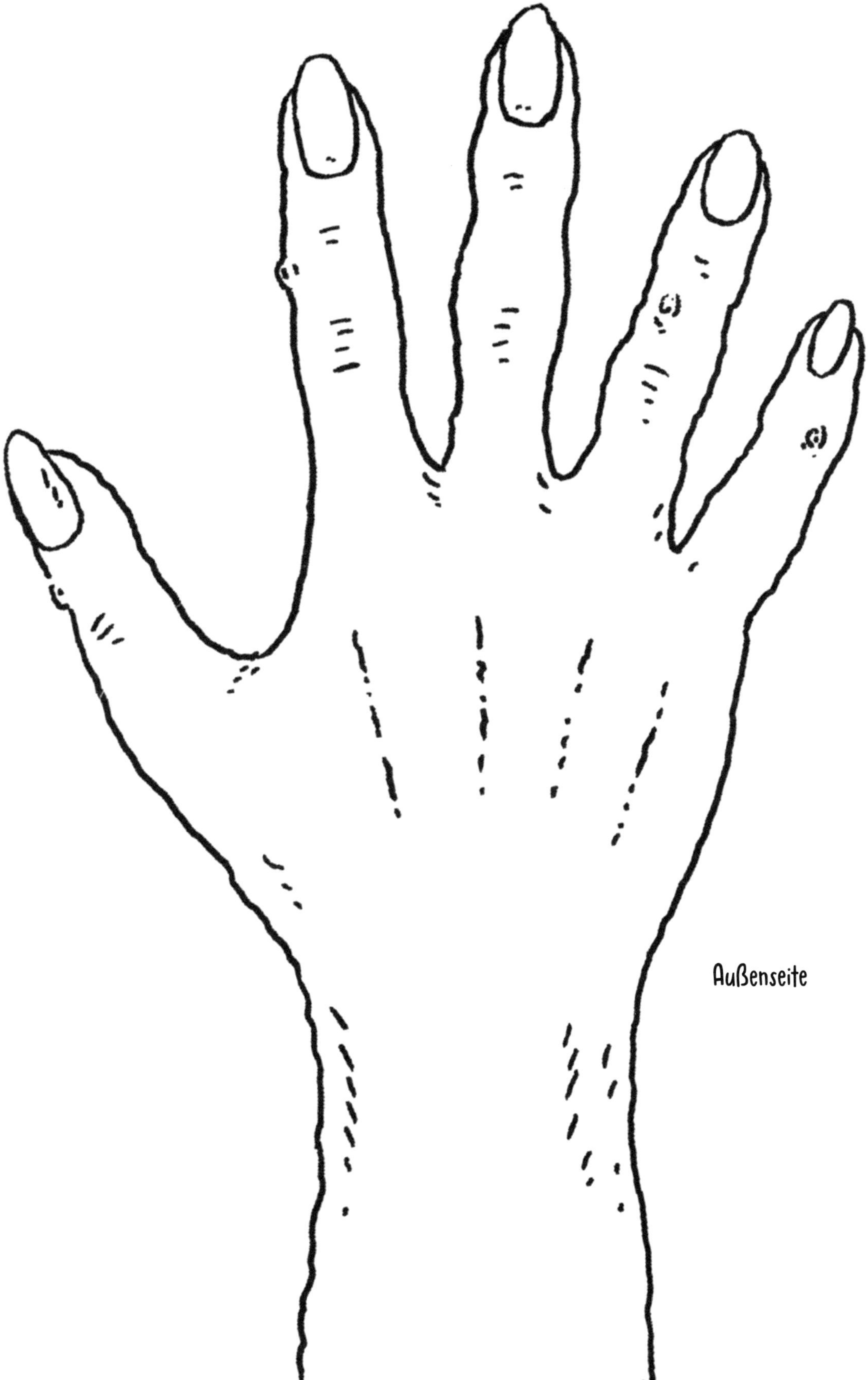

Außenseite

Buchempfehlungen für dich

ISBN 978-3-7358-9049-8

ISBN 978-3-7358-9027-6

ISBN 978-3-7724-4453-1

ISBN 978-3-7724-7590-0

ISBN 978-3-7724-4613-9

GTIN 4007742182373

GTIN 4007742182380

ISBN 978-3-7724-4980-2

ISBN 978-3-7724-4388-6

ISBN 978-3-7358-9061-0

ISBN 978-3-7358-9097-9

ISBN 978-3-7724-4626-9

ISBN 978-3-7724-4455-5

ISBN 978-3-7724-8471-1

ISBN 978-3-7724-8426-1

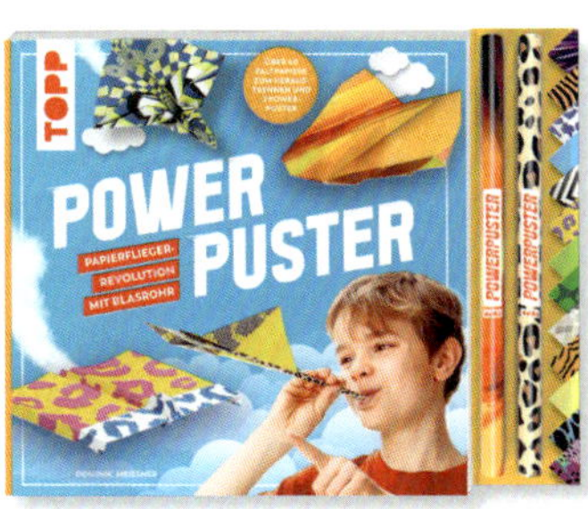

ISBN 978-3-7358-9028-3

ISBN 978-3-7358-9059-7

ISBN 978-3-7358-9060-3

Wer wir sind, wie wir arbeiten, was wir lieben …

Auf Instagram, Facebook und Pinterest findest du mehr über uns und unsere Arbeit und wirst immer schnell und einfach mit den neuesten Infos versorgt.

Alle News, alle Infos und alle Links findest du auf www.TOPP-kreativ.de

DER AUTOR

Wolfgang Peschke lebt mit seiner Familie in der Nähe von Stuttgart. Seit mehr als drei Jahrzehnten arbeitet er selbstständig als Illustrator und Grafiker und hat eine Vielzahl von Spielen, Kinderbüchern, Zeitschriften und mehr entwickelt und gestaltet. Der Illustrator, Grafikdesigner und begeisterte Bastelfan hatte jede Menge Spaß am Tüfteln und Gestalten der Modelle für dieses Buch. Design und Funktion zu vereinen, ist eine Herausfordern, der er sich immer wieder gerne stellt.

DEIN DOWNLOAD

Die Vorlagen kannst du dir nach erfolgter Registrierung unter www.topp-kreativ.de/digibib downloaden. Lass dir dabei von einem Erwachsenen helfen. Der Freischaltcode lautet: **59424**

IMPRESSUM

FOTOS: frechverlag GmbH, 70839 Gerlingen; Wolfgang Peschke
MODELLE, TEXTE & ILLUSTRATIONEN: Wolfgang Peschke
PRODUKTMANAGEMENT: Cora Friedrich
LEKTORAT: Nele Thiemann
COVER: Eva Hook
HERSTELLUNG UND LAYOUT: Jessica Siebert
SATZ: DSR Werbeagentur Rypka GmbH, Dobl/Graz, www.rypka.at
DRUCK UND BINDUNG: Neografia, Slowakei

1. Auflage 2023

ISBN 978-3-7358-9095-5 · Best.-Nr. 29095

SERVICE-HOTLINE

Hast du Fragen oder gibt es ein Problem? Wir helfen dir gern. Ruf uns an oder schreib uns eine E-Mail:

Telefon: 0711 / 123 757 20*

*normale Telefongebühren

E-Mail: hilfe@frechverlag.de

Weitere Informationen zum Verlag und zu unserem gesamten Programm findest du unter: www.topp-kreativ.de

MIX Papier | Fördert gute Waldnutzung FSC® C020353
www.fsc.org

Penguin Random House Verlagsgruppe
FSC® N001967